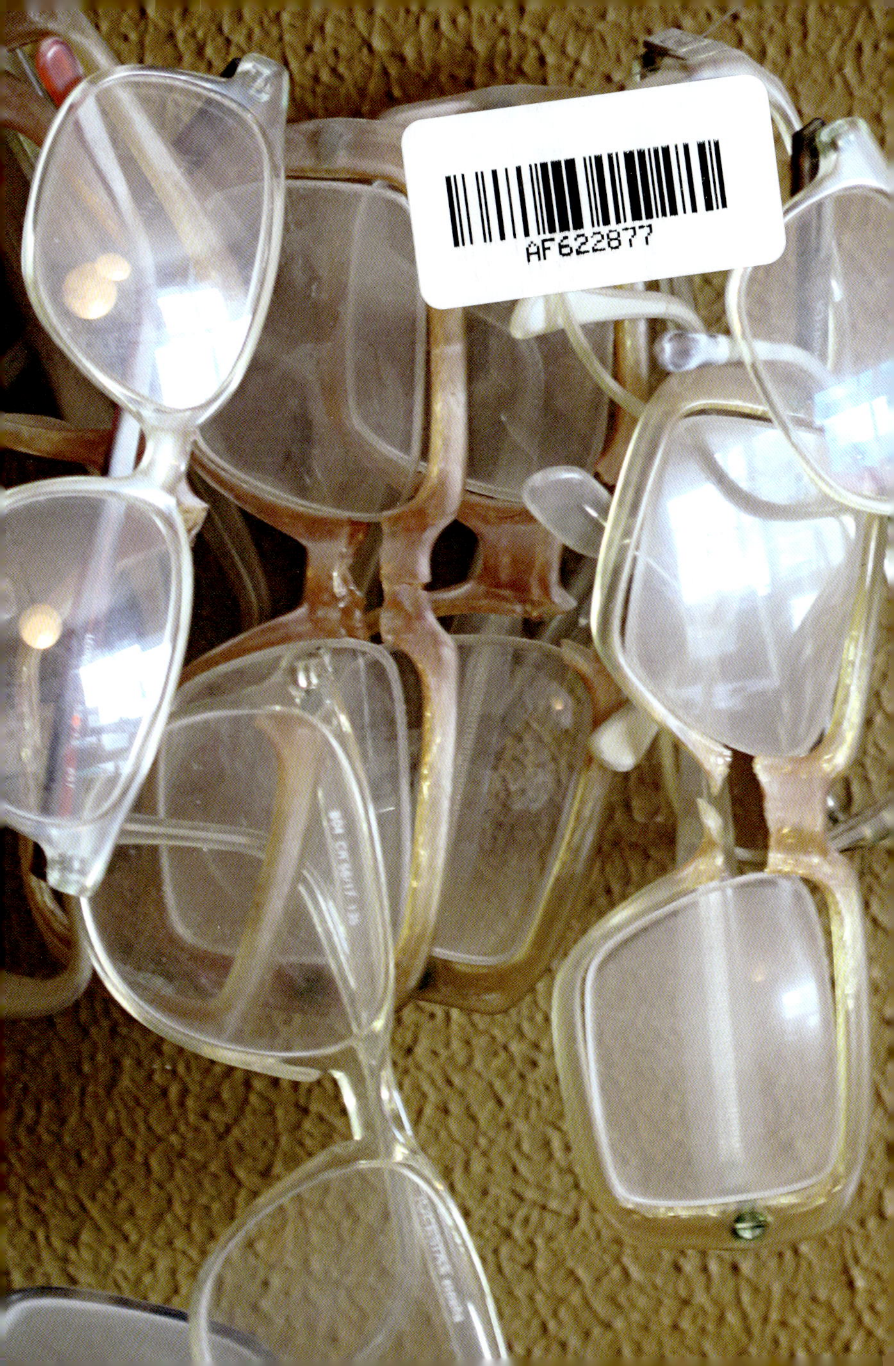

Biblioteca PHotoBolsillo

Carlos Pérez Siquier

PHotoBolsillo LA FABRICA

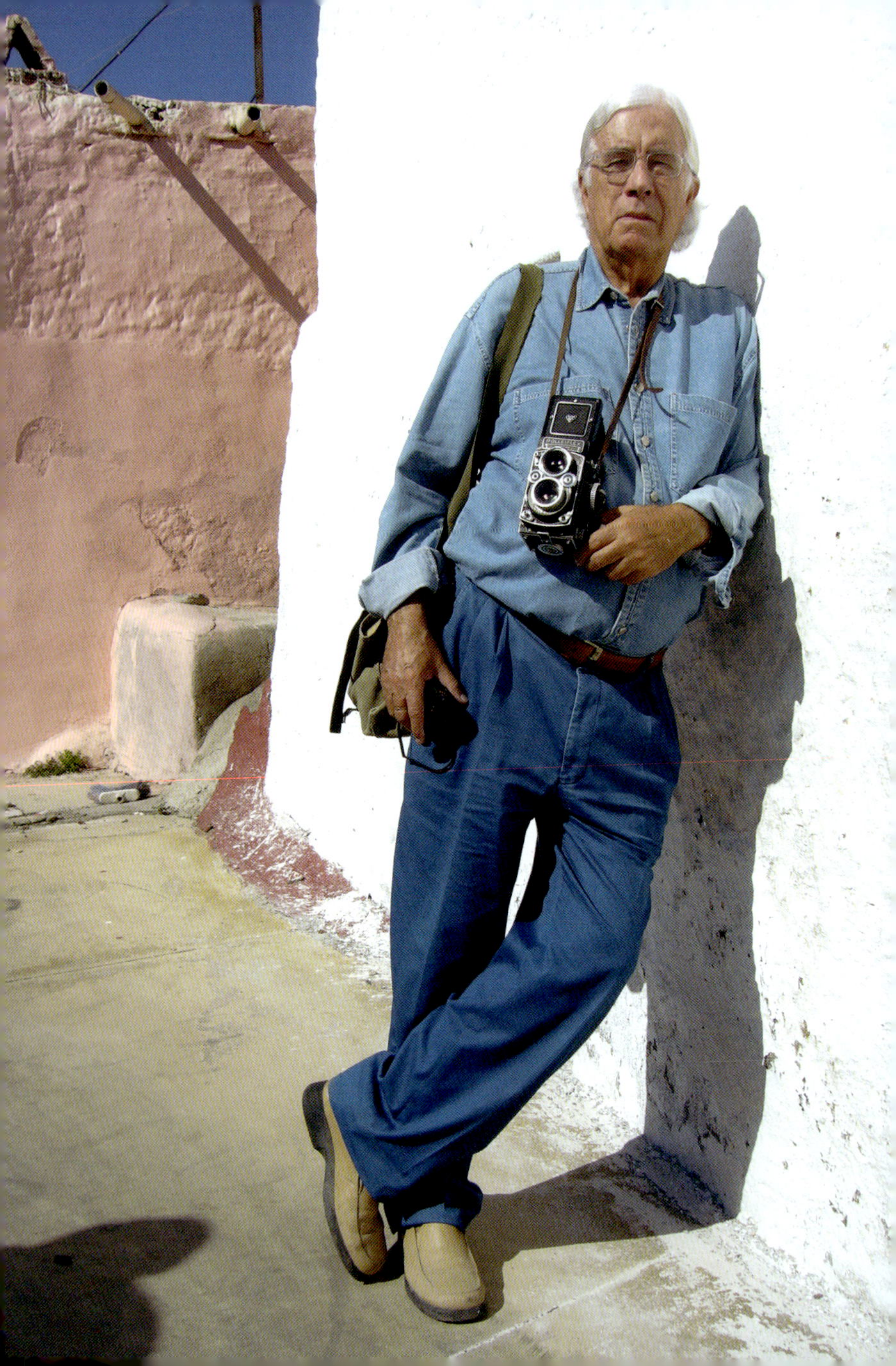

Carlos Pérez Siquier
Siquier siempre
Juan Bonilla

Pérez Siquier en la Chanca, Almería. Fotografía de Guille Fuertes

Dado que todos los autores importantes (*importar* significa «buscar fuera lo que uno no produce por sus propios medios») hablan de lo mismo (es decir, de nosotros), empezaré con un recuerdo personal. En 2003 vivía yo en Málaga y una tarde cualquiera me llamó la atención, junto a la catedral, la foto de una oronda mujer de espaldas, vestida de blanco, que miraba hacia el fulgor del mar. Era el cartel de una exposición titulada *Color del Sur* de Carlos Pérez Siquier, de quien yo sabía apenas lo que cualquiera que hubiese trasteado por librerías de viejo: que fue capitán de la nave AFAL en la Almería de la posguerra y que en los años setenta, junto con su cómplice José María Artero, se encargó de los anuarios *Everfoto*. Por sus fotografías del barrio de la Chanca lo tenía yo mentalmente colocado en el cajón de los fotógrafos sociales, o sea, de los ensayistas, pues al padecer una mente literaria contra la que lucho cada vez que puedo, distingo a los fotógrafos por géneros literarios y me parece que hay fotógrafos poetas, fotógrafos novelistas y fotógrafos ensayistas, sin que esas clasificaciones de género impidan que los que están en uno se desplacen a otro de vez en cuando. Entré en el Palacio Episcopal con las manos en los bolsillos por gastar la tarde mirando fotos.

Poco a poco se me fue fascinando la mirada con la sinfonía de colores que Siquier había capturado. Escenas poco glamurosas de playa a las que el fotógrafo lograba dar tal gracia que te contagiaban la ironía o la mera alegría solar de la que partieron. He utilizado la palabra *gracia* y la empleo en su doble condición: «encanto y naturalidad», pero también «don concedido para el logro de bienaventuranza». Al fin y al cabo las Gracias eran las hijas de Venus y personificaban la seducción de la belleza. El conjunto podía funcionar como reportaje y, de hecho, a menudo se toma esa serie como una investigación sociológica a través del elemento primordial que ofrecemos como atracción patria: el sol, la playa... Pero eso me interesaba menos que la capacidad de Siquier para contagiarnos el sol de sus imágenes, el sol de Andalucía fotografiado. Un sol caníbal, potente, inmisericorde, que lo tintaba todo de colores vivos y enérgicos. Todo eso se iba trasladando de las fotos a la mirada del espectador. Muy a menudo, en textos de este tipo, quien lo firma intelectualiza su experiencia y busca nombres propios y genealogías donde colgar el nombre

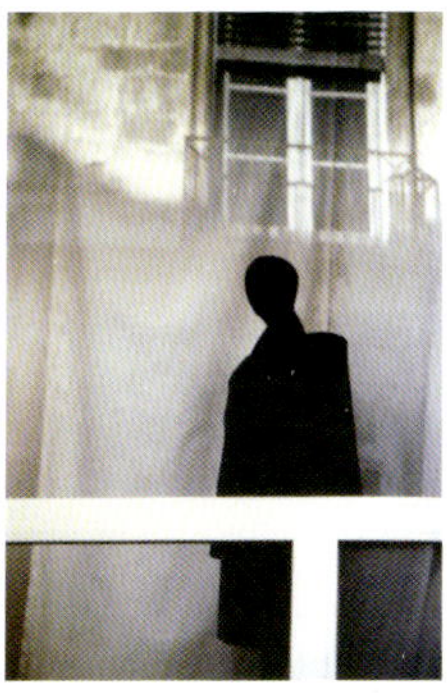

Sevilla, 1983

del autor del que se ocupa, o examina sus recursos con mucha bibliografía, porque narrar experiencias personales en textos de esta índole parece poco académico. Pero prefiero abordar el recuerdo personal de mi descubrimiento de Pérez Siquier. Y en ese momento del descubrimiento, yo no iba pensando ni en fotógrafos de playa, ni en pintores de colores vivos en los que Pérez Siquier pudiera haber pensado, ni en la contundencia testimonial del conjunto acerca del hermoso feísmo de nuestras playas, del poderoso *kitsch* del paisaje: solo me dejaba envolver por la alegría del sol que lo bañaba todo y que era también el sol de mi infancia llena de playas. El *Color del Sur* de Siquier me estaba devolviendo la potencia fotogénica de mi infancia, sí. Así que la experiencia estética se transmutó en sensación física, y hacía mucho que no me pasaba eso en una exposición. Tantas veces entra uno en una exposición a ver si le pasa algo y lo único que encuentra son obras que están bien o están mal o qué aburrimiento o qué interesante, que ya casi se ha habituado uno a que ir a una exposición sea una actividad intelectual, no sensorial. Pero no pierde uno nunca de vista aquel dogma que puso sobre la mesa Nabokov: no le preguntéis a vuestro corazón ni a vuestro cerebro, preguntadle a vuestra médula. Hay un termómetro sencillo para expresar cuándo una obra nos afecta de modo físico y tiene que ver con el dogma Nabokov: si sales verbalizando con facilidad lo que has visto, mala cosa, porque transformar imágenes en palabras es tan mal negocio como cambiar euros por libras sudanesas (sobre todo si ni siquiera vives en Sudán). Así pues, salí de aquella sala bañado en sol. Me compré el catálogo, uno de mis fotolibros favoritos desde entonces, y me fui con el sol bajo el brazo queriendo saber más de Pérez Siquier.

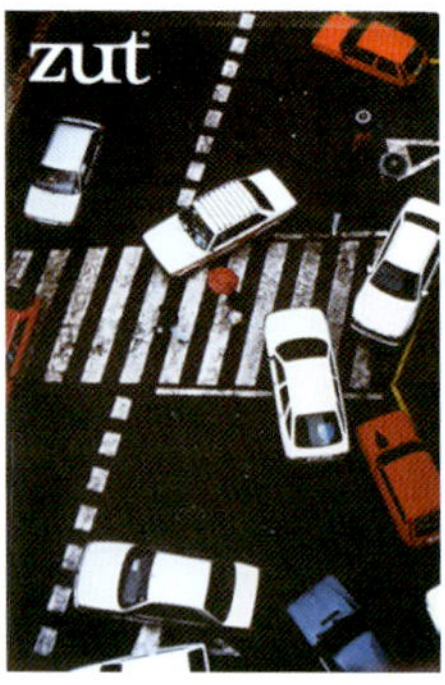

Portada de *Zut* n.º 6. Almería, 2002

A Pérez Siquier se le puede definir pronto: una vida dedicada a la fotografía. Hacia 1950 ya recortaba miradas femeninas de las revistas para componer *collages*. Pertenece a la gran generación de fotógrafos españoles, la de los cincuenta, que a nuestra fotografía es como la del 27 a nuestra poesía: el no va más. Ahí están Miserachs, Masats, Maspons, Pomés, Muller, Colom... Su evolución como fotógrafo le ha llevado de una obra de corte social —su extraordinaria serie sobre la Chanca donde por fortuna no se solaza en la belleza de la pobreza, sino que hace hincapié en su dignidad— a una obra más irónica, de

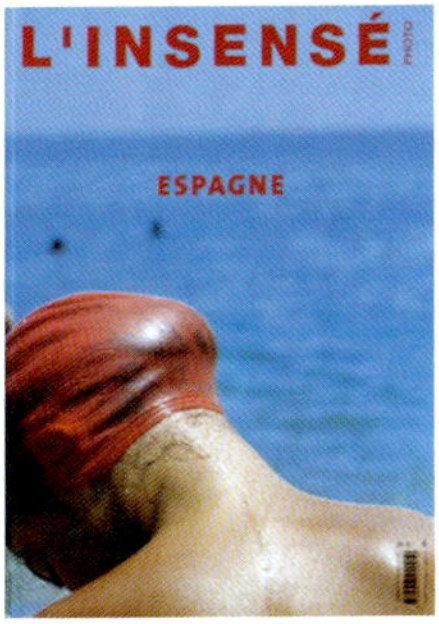

Portada de *L'Insensé* dedicado a la fotografía española

color exultante y mirada aviesa. Siempre con el mundo de protagonista; quiero decir, siempre a la intemperie. Pérez Siquier es fotógrafo de la intemperie, un callejero, un espía de la realidad, a la que constantemente le va robando pedazos. Según confesión suya, nunca prepara una foto; se las va encontrando. De ahí que no pudiera titular mejor una selección de su obra que cuando la tituló *La mirada*. Su obra, más que de instantes decisivos, está llena de instantes aparentemente insignificantes a los que su mirada proporciona significado.

Julio Cortázar dice en su legendario *Las babas del diablo*: «La fotografía es una forma de luchar contra la nada». Nunca me ha convencido, porque la nada la tenemos asegurada y luchar contra ella es tratar de convencerse con cuentos infantiles; pero como todas las grandes frases, permite darle la vuelta sin dificultad: «La fotografía es una forma de luchar contra el todo». Precisamente porque la mirada del fotógrafo se fundamenta en una elección, en la selección del momento que congela o la escena que paraliza (aquí voy a ahorrarles el párrafo fácil sobre sinécdoque y fotografía haciendo pie en los minuciosos estudios de Roman Jakobson sobre las relaciones entre metonimia y metáfora).

A finales de los sesenta y comienzos de los setenta la playa ya es un gran tema fotográfico en España: somos los campeones del turismo y tenemos varias sedes donde diez idiomas se disputan las mejores vistas. Pérez Siquier había empezado ya a dejar sus huellas en las arenas cazando imágenes contra el todo y produciendo algunas de sus grandes piezas en color: ese hombre escuálido tomando el sol en un hoyo; cuerpos tapados contra el sol tomando el sol, como muertos cargándose de energía; unas manos enlazadas sobre una cabeza vieja y calva para taponar los ojos contra la luz solar. Es famosa, porque fue cubierta del monográfico de la revista *L'Insensé* sobre fotografía española, la instantánea de una espalda y un cuello femeninos bajo un gorrito rojo y ante la presencia azul del mar, cuya pureza se desenfoca para darle una plasticidad insolente al gorrito de la bañista. Es el gorrito el que desnuda el cuerpo invisible de la bañista, como el casco del Marte de Velázquez es el encargado de poner de relieve su desnudez; está más desnudo por la presencia del casco. El mar ahí es ese todo contra el que la mirada

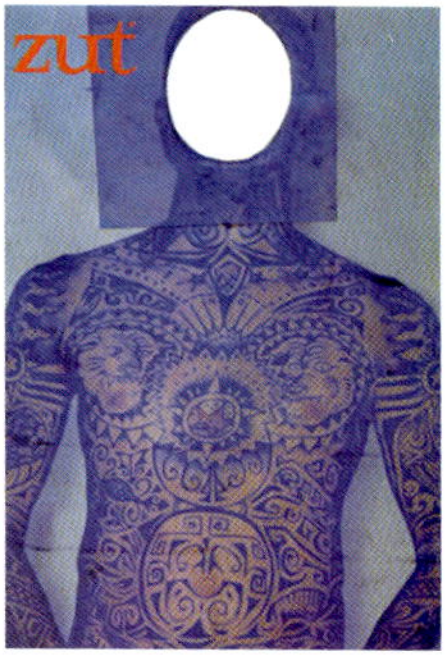

Portada de *Zut* n.° 3. Almería, 2003

del fotógrafo lucha, y su combate se salda en victoria porque contra el *todo* nos entrega *algo*: ese gorrito de baño inolvidable.

Yo creo que *Color del Sur* es una obra maestra, pero me dejo llevar por el agradecimiento de salir de una exposición con una emoción física en los adentros. Escribí una columna cuya mejor virtud es que movió a Pérez Siquier a enviarme una nota de agradecimiento. Desde entonces me ha ayudado en alguna aventura disparatada. Por ejemplo la revista *Zut*. Sus cubiertas eran siempre fotográficas. Dos veces acudimos a Pérez Siquier para que ocupara aquel espacio y dos veces nos regaló instantáneas magistrales. Una de ellas fue un maniquí tatuado con la cabeza tachada por un óvalo blanco. En cuanto la vi le dije que no podía ser verdad que se hubiera encontrado esa imagen en una andanza callejera, que la había preparado, que el óvalo blanco lo había puesto después con algún programa de diseño, que era una foto *pensada* y no *tomada*. Me explicó cómo la hizo y, aunque no me enteré mucho del juego de reflejos que tachaban la cabeza del maniquí, me daba igual, porque no me interesan los trucos que producen magia; prefiero quedarme con la magia, que es lo que importa, porque *importar*, ya saben, consiste en traer de fuera lo que uno no produce por sus propios medios. Y nadie tiene tanta imaginación como la realidad, y pocos saben atenazar esa imaginación real como nuestro Pérez Siquier.

La otra cubierta de *Zut* era un caos de coches blancos y rojos en un paso de cebra captado desde arriba. Para producir esa imagen, un fotógrafo teatral hubiera necesitado decenas de extras y un presupuesto indecente. Pero el caos se gestiona muy fotogénicamente y solo necesita una mirada que sepa encontrarlo, un buscador insaciable, como Pérez Siquier. Setenta años luchando contra el todo de la realidad para traernos unas miles de rodajas de vida caliente, vida hermosa, ironía sonriente, vida fotogénica.

La obra de Pérez Siquier se ha disparado en fotolibros que componen hoy una de las bibliografías más apasionantes de nuestra fotografía: *Imágenes de imágenes, Amor animal, Haikus, Color del Sur, La mirada, Al fin y al cabo, Medianeras, Almería-Granada-Sevilla, Imágenes de la Maestranza*. En todos hay momentos inolvidables, pero me gustan especialmente los que él llama «Informalismos». Como el Brassaï de los grafitis, Pérez Siquier oye lo que dicen las paredes, lo que dice el tiempo en las paredes. Ahí están esa maravilla de ventana tapiada con maderos y enmarcada a modo de diana cuadrangular, y esa extraordinaria cabeza de gato blanco asomada por un hueco entre tablones desconchados. A veces, por tomarle el pelo, le he dicho a Pérez Siquier que reconozca que prepara concienzudamente las fotos, y es divertido verle jurar que nunca ha intervenido en nada para obtener una foto, que se las ha encontrado, que consiste en pararse y mirar. Buscar y descubrir. Luchar contra el aplastante todo, ya se ha dicho.

A sus 87 años, Pérez Siquier sigue en la brecha. En este mismo libro hay imágenes nuevas como ese parapente entre edificios que es otro *collage* que Siquier le ha robado a la realidad. Sigue saliendo a la intemperie a cazar la fotogenia del mundo. En su último trabajo se atrevía a incrustar su sombra en lo fotografiado. El fotógrafo se vuelve presencia, sombra instalada en la realidad que *toma*. Porque eso somos: un trozo de sombra en medio de la luz solar. «Hasta que el cuerpo me haga sombra», dice la poesía del habla popular. No dejaba de ser otra vez emocionante que un fotógrafo tan entregado al sol utilizara su propia sombra para afirmarse. La médula, la médula es la que dice la verdad. Y Pérez Siquier le habla a nuestra médula.

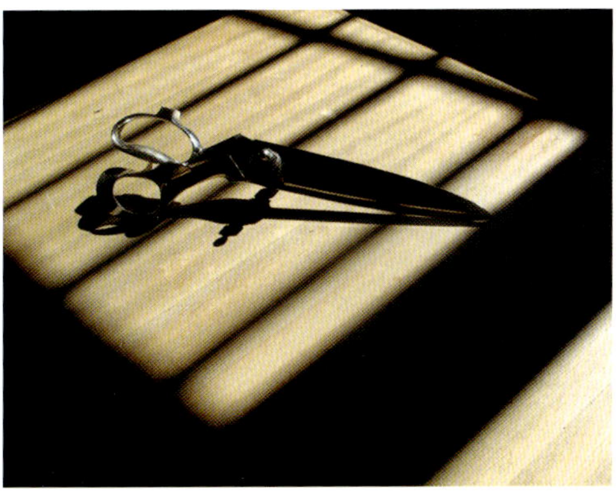

Del film *Caníbal*. Granada, 2013

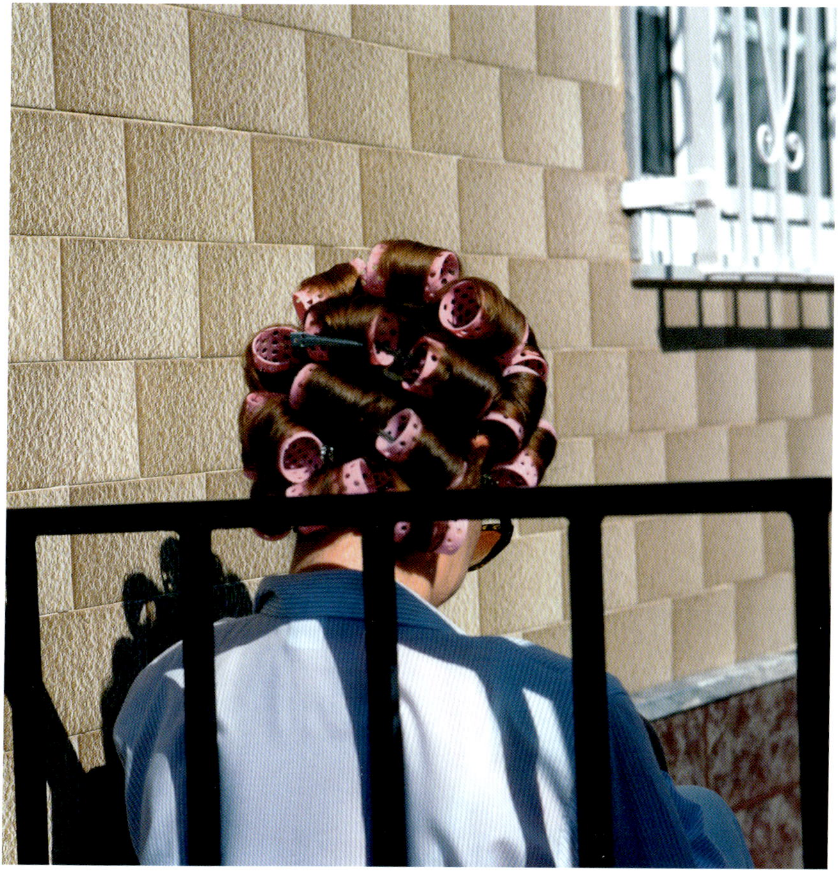

01. Benahadux (Almería), 1999

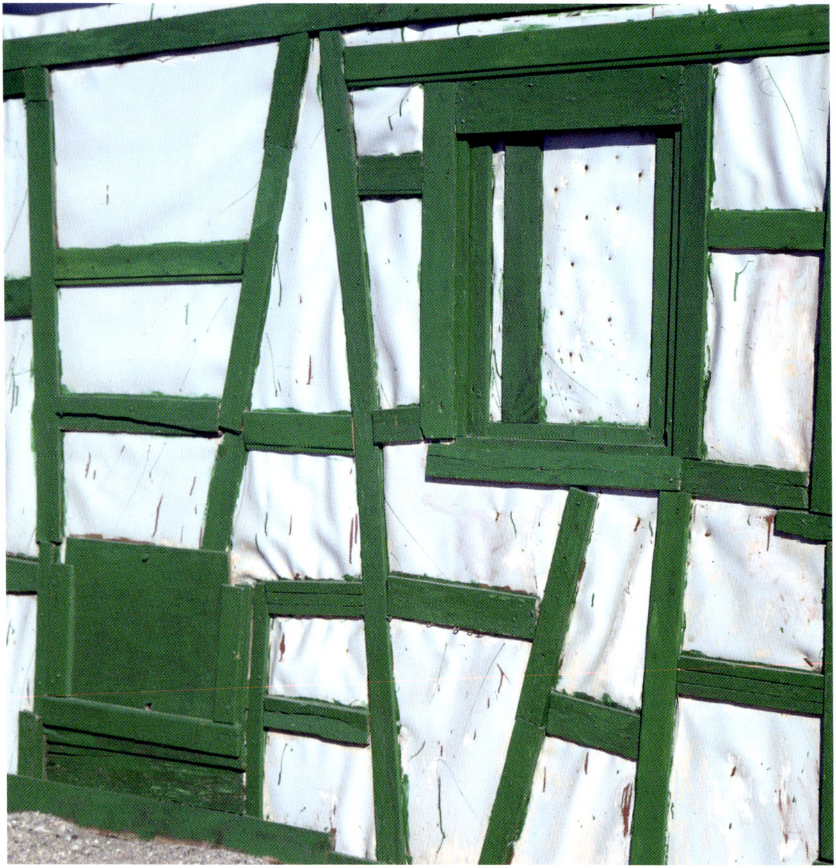

02. Cabo de Gata (Almería), 1995

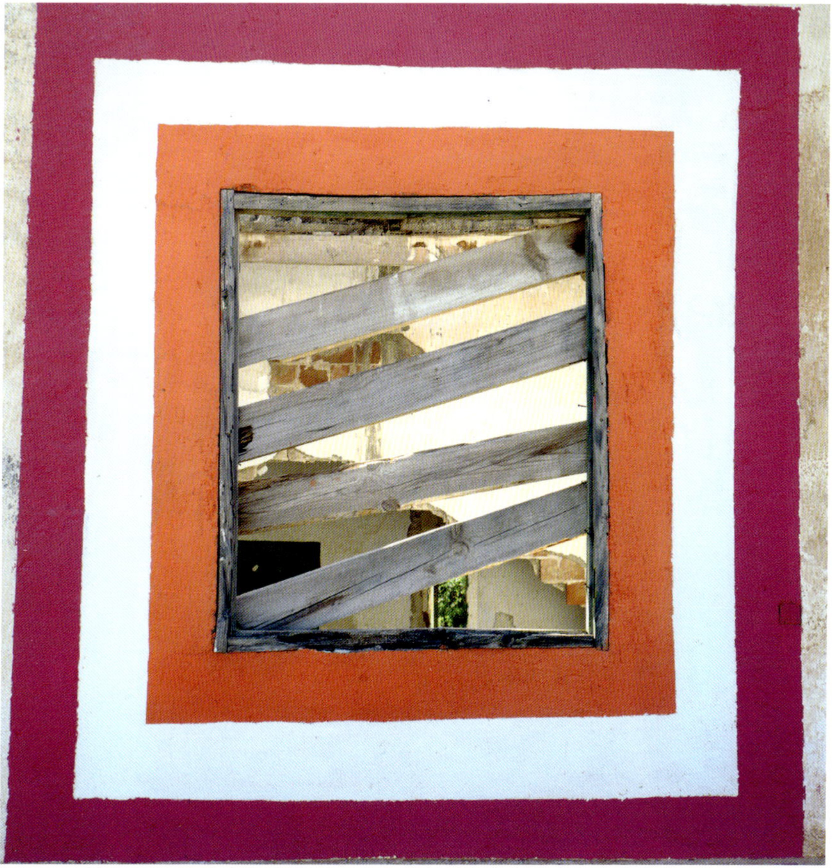

03. Rodalquilar (Almería), 2006

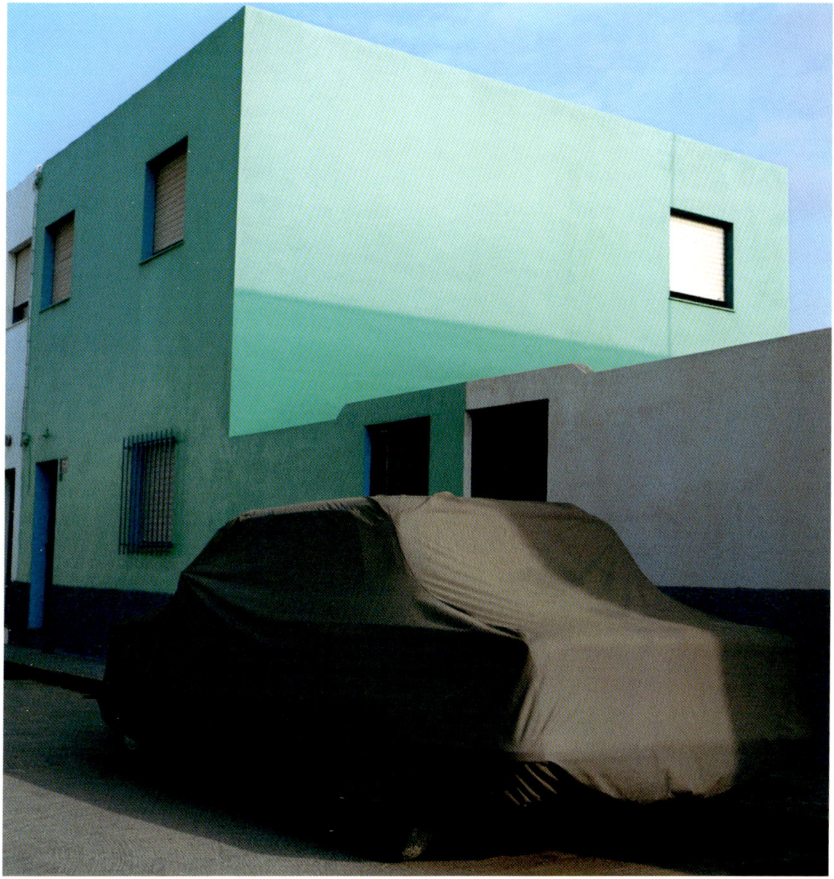

04. El Ejido (Almería), 1998

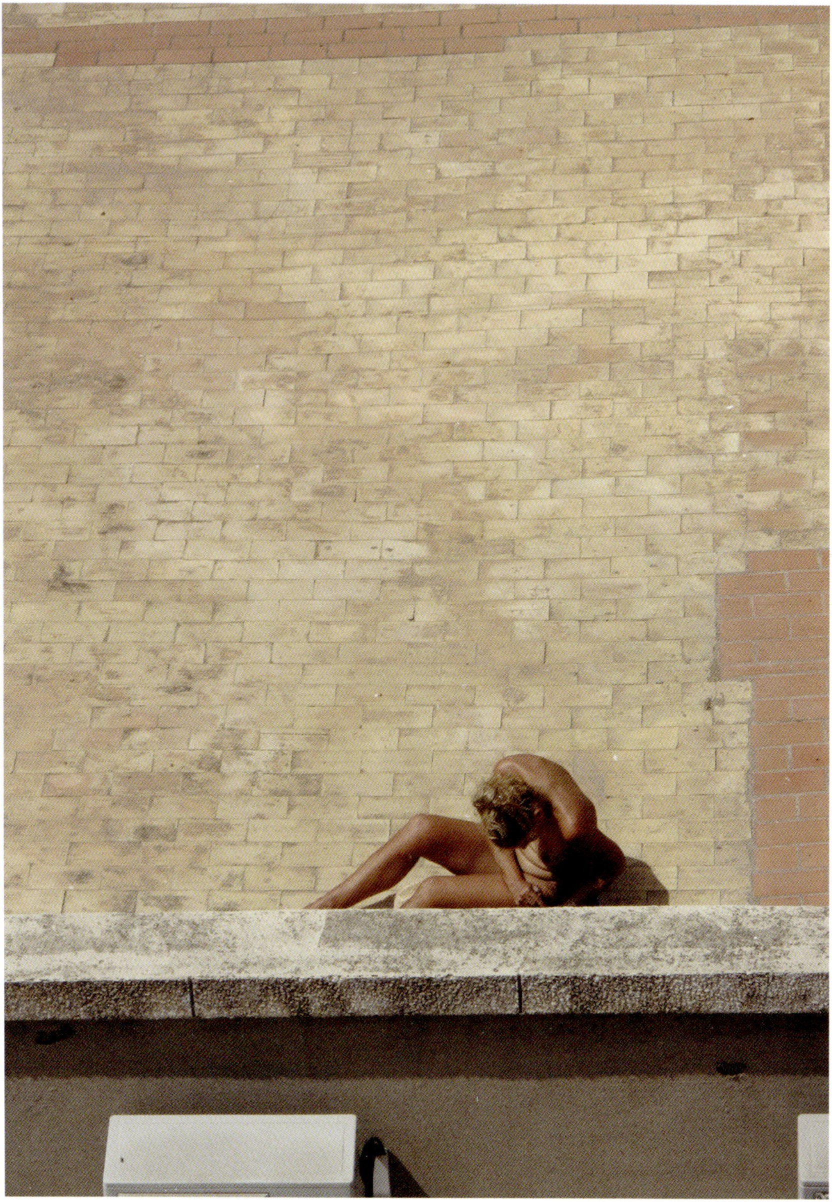

05. Almería, 2016

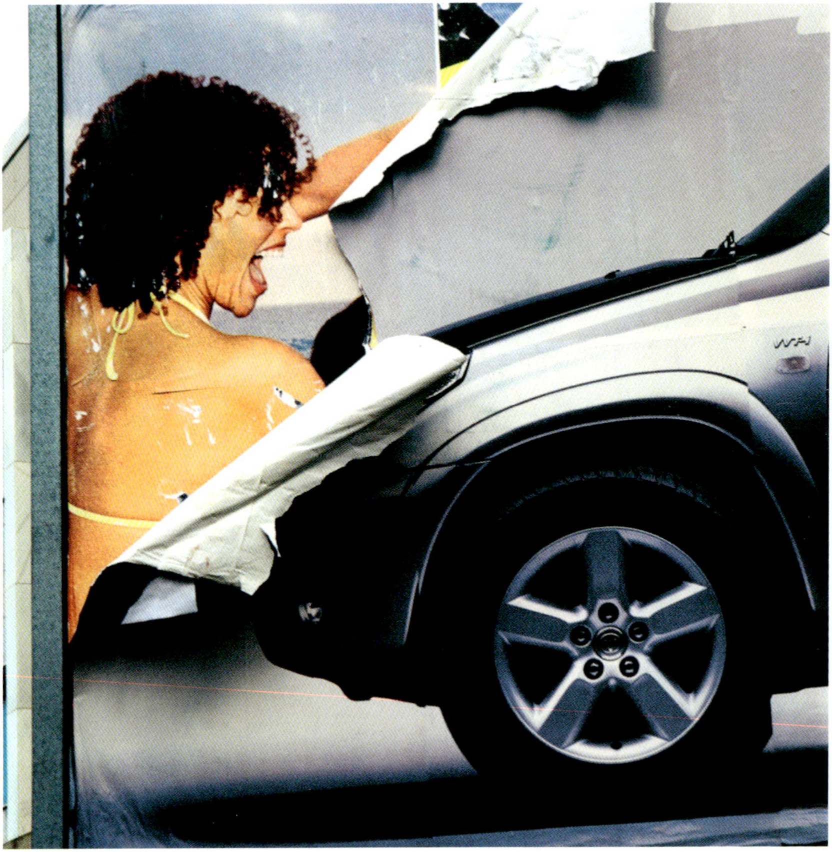

06. Almería, 2014

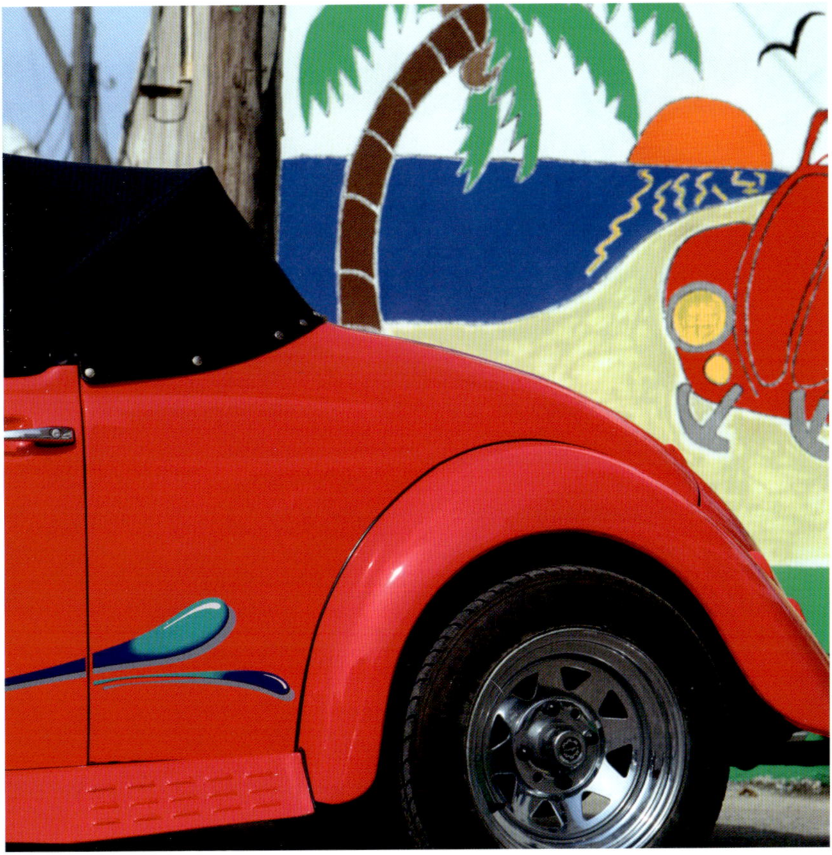

07. Roquetas de Mar (Almería), 2001

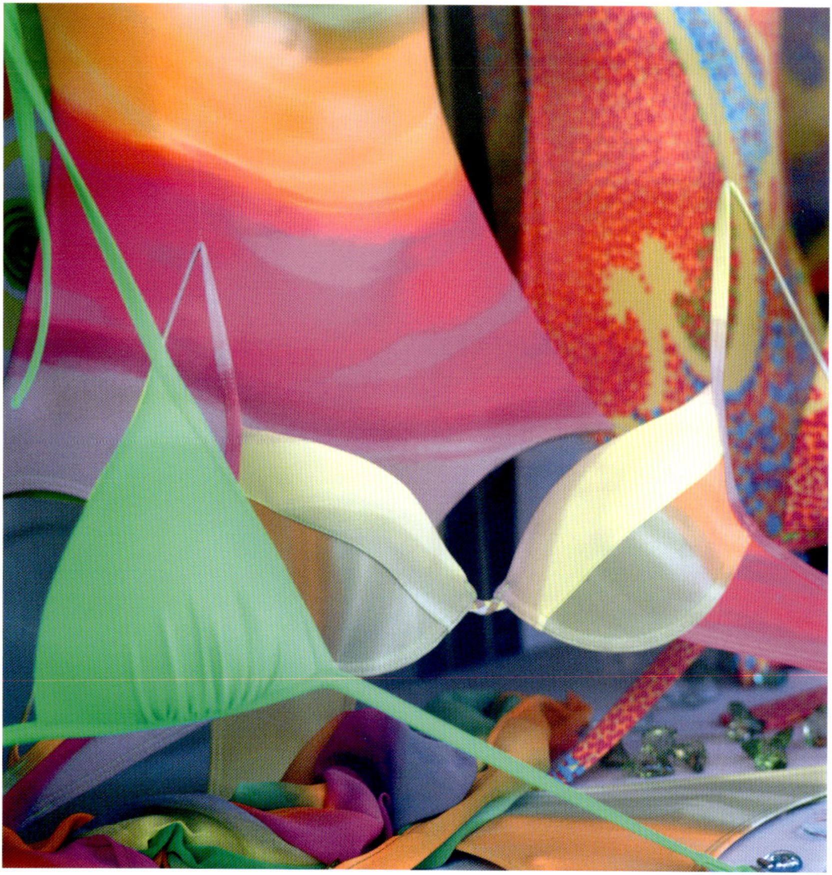

08. Almería, 2001

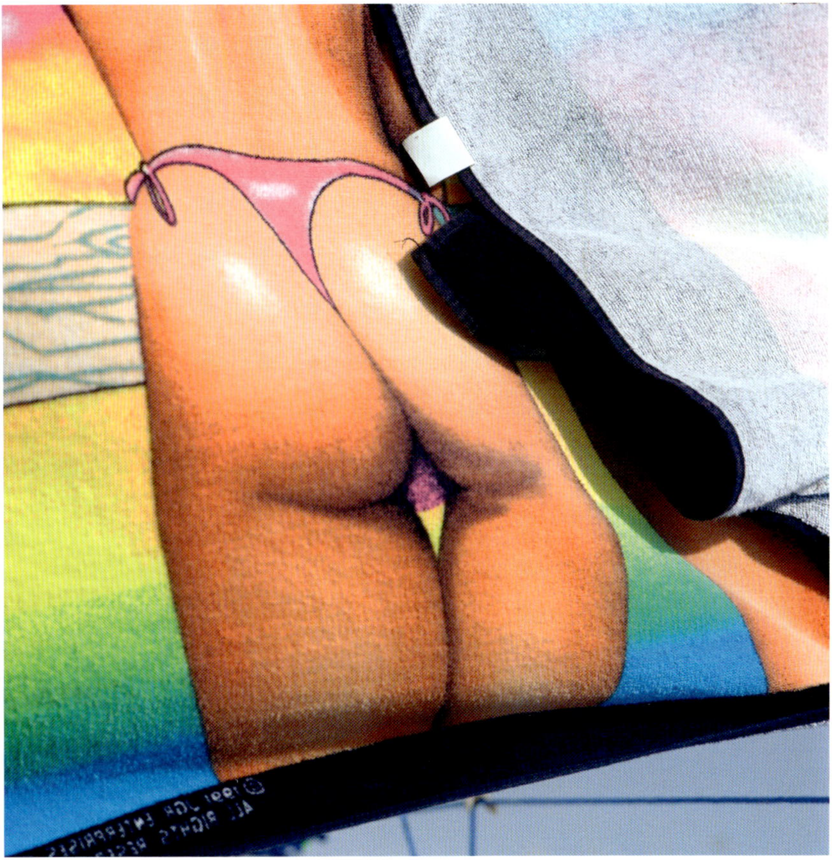

09. Cabo de Gata (Almería), 1995

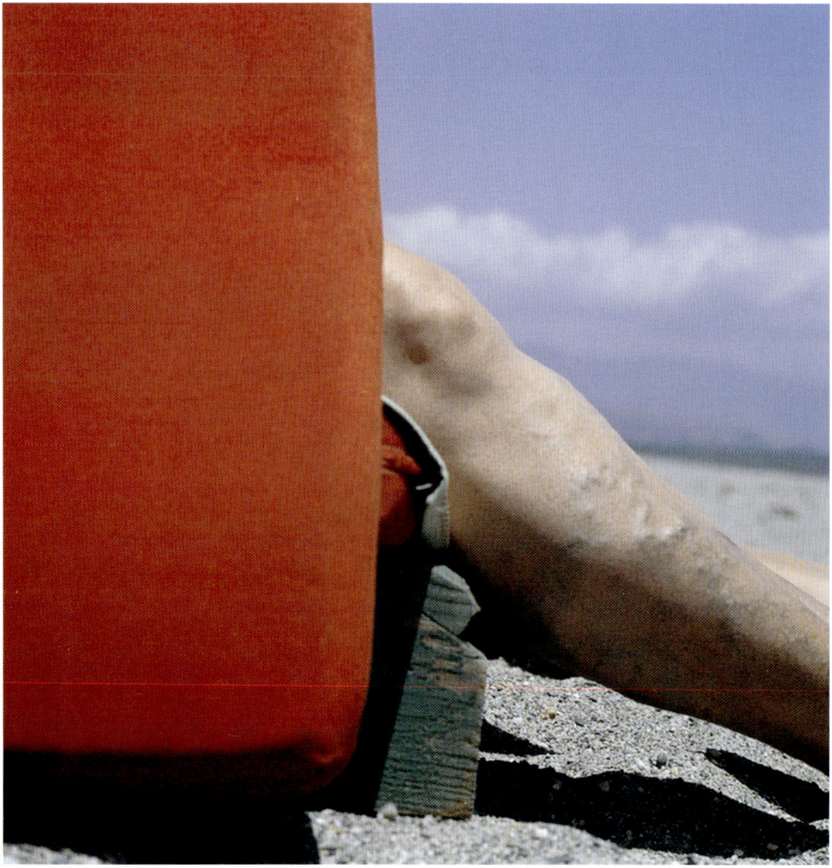

10. Roquetas de Mar (Almería), 1973

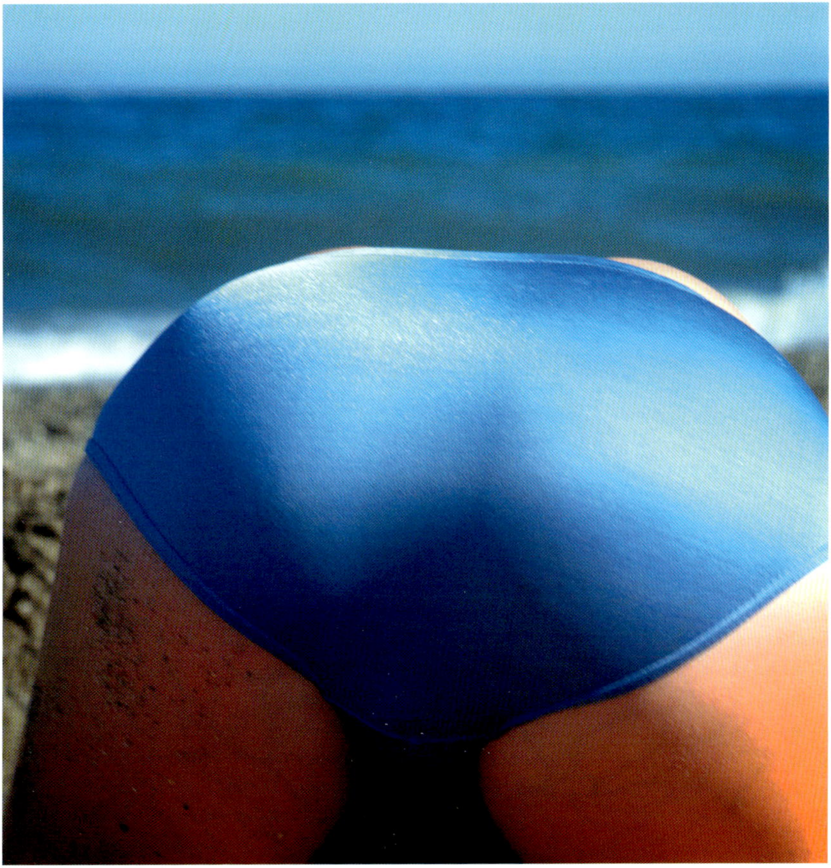

11. Roquetas de Mar (Almería), 1977

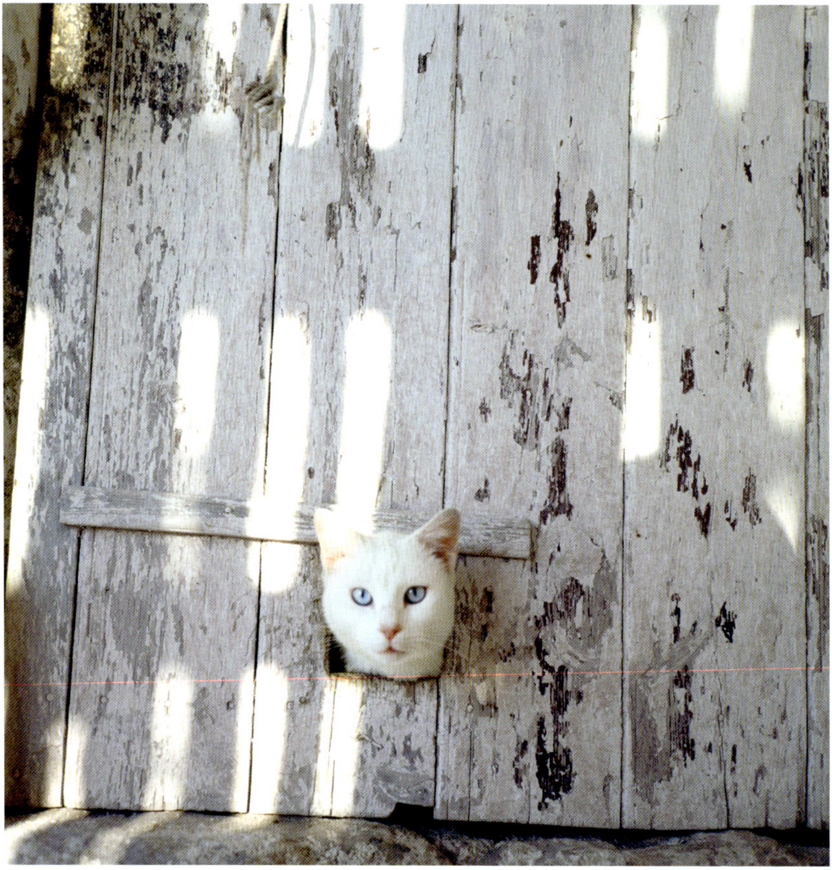

12. Cabo de Gata (Almería), 1997

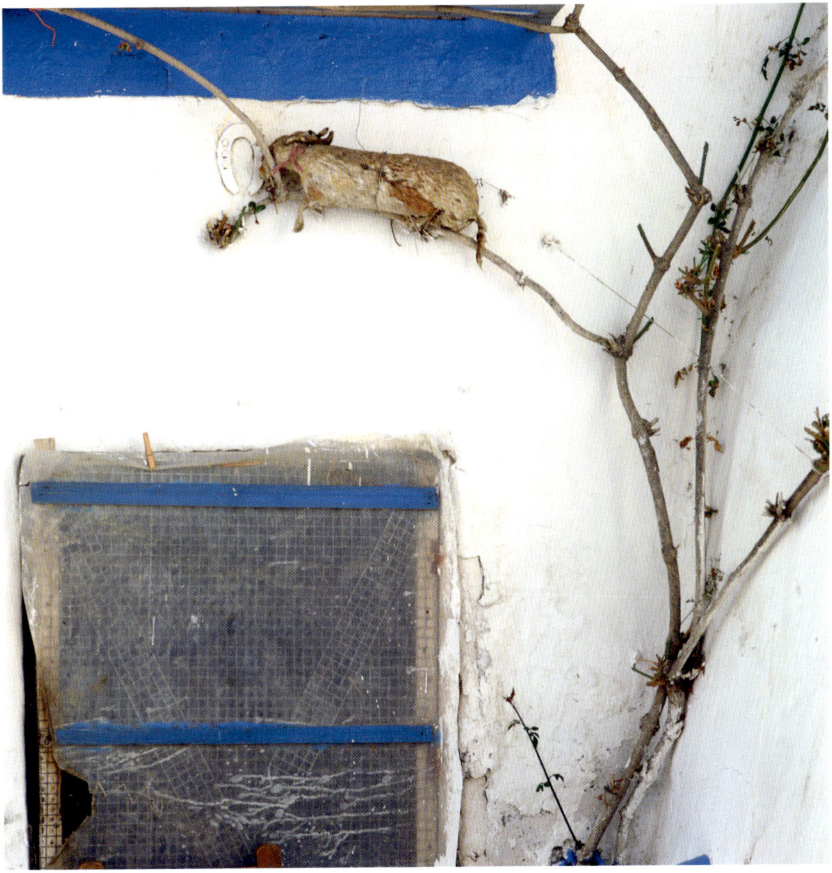

13. Níjar (Almería), 1992

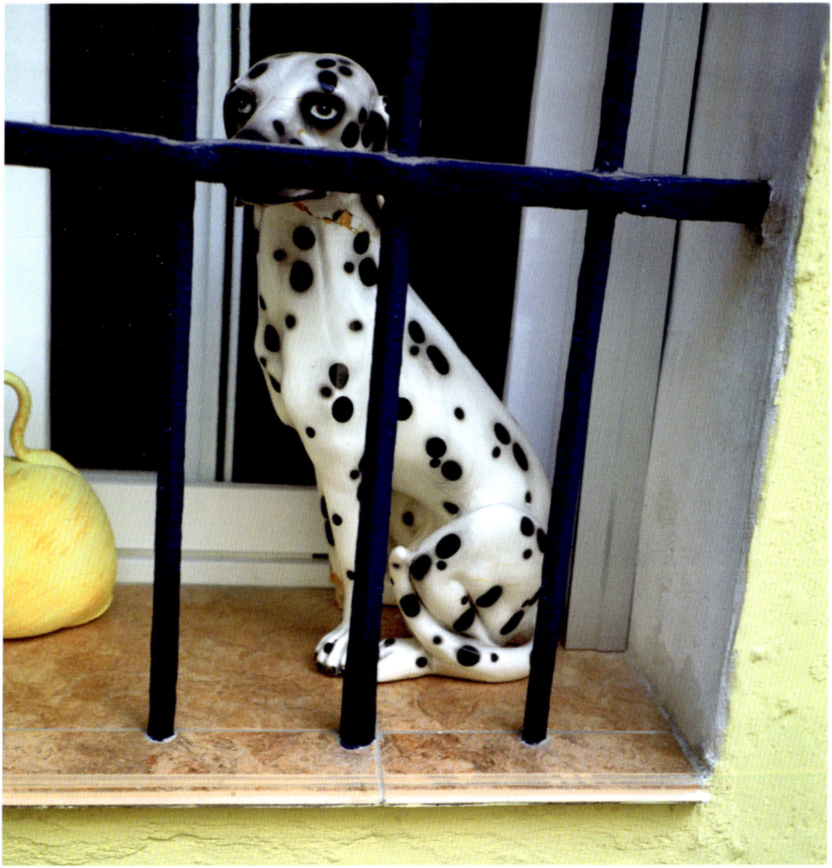

14. Cádiz, 1995

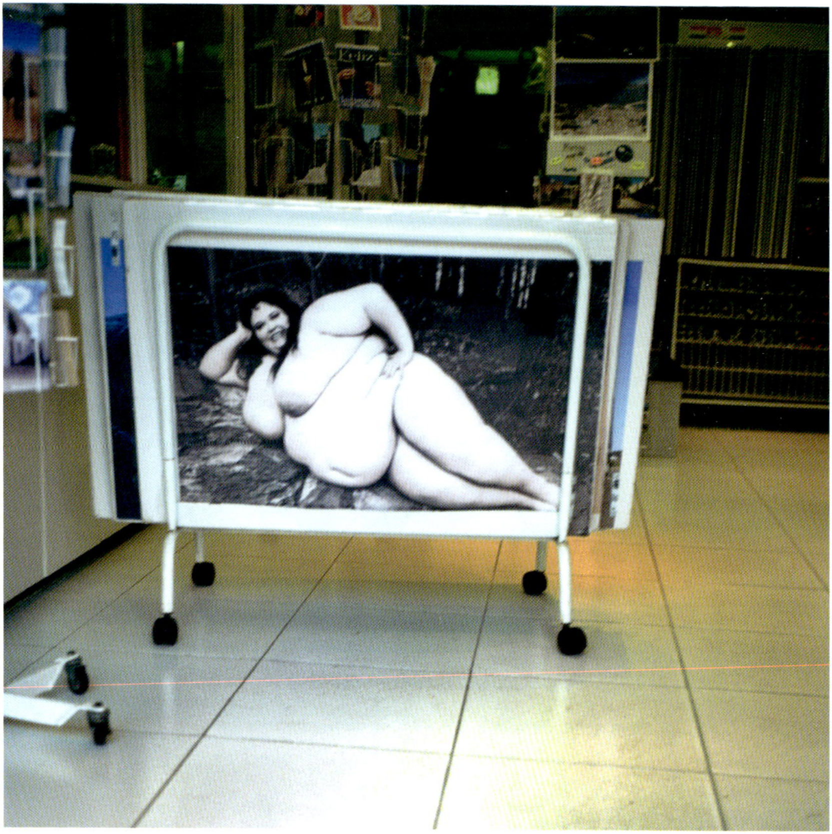

15. Algeciras (Cádiz), 1995

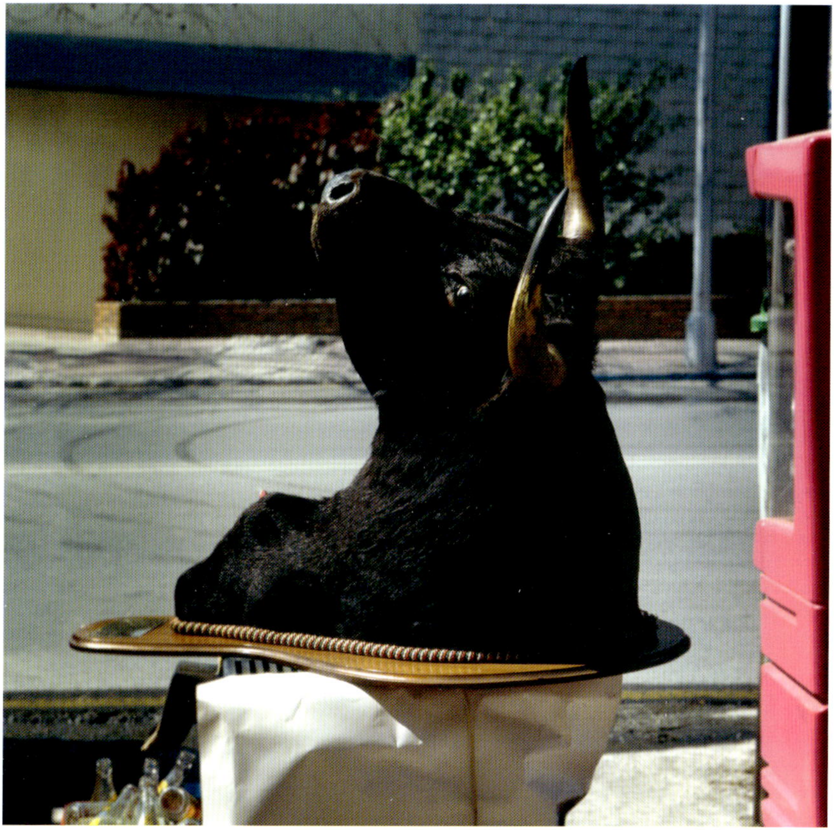

16. Málaga, 1995

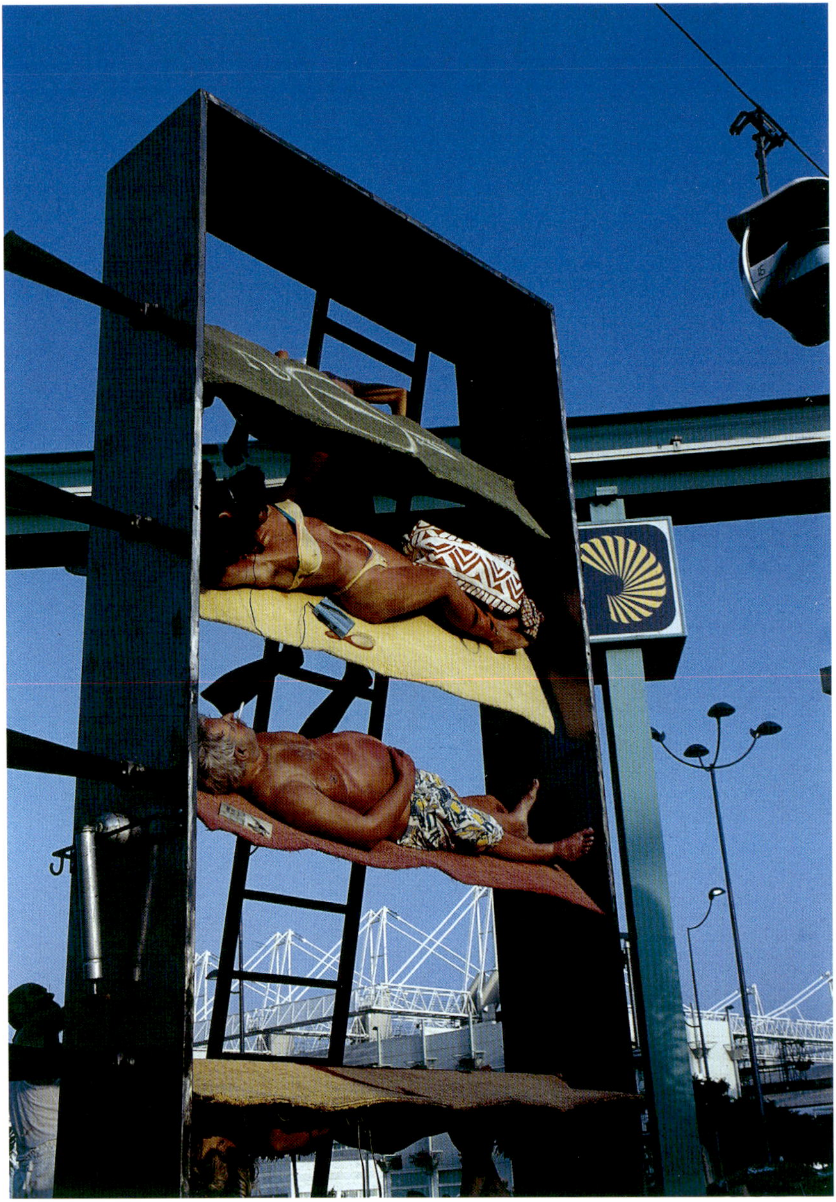

17. Sevilla, 1992

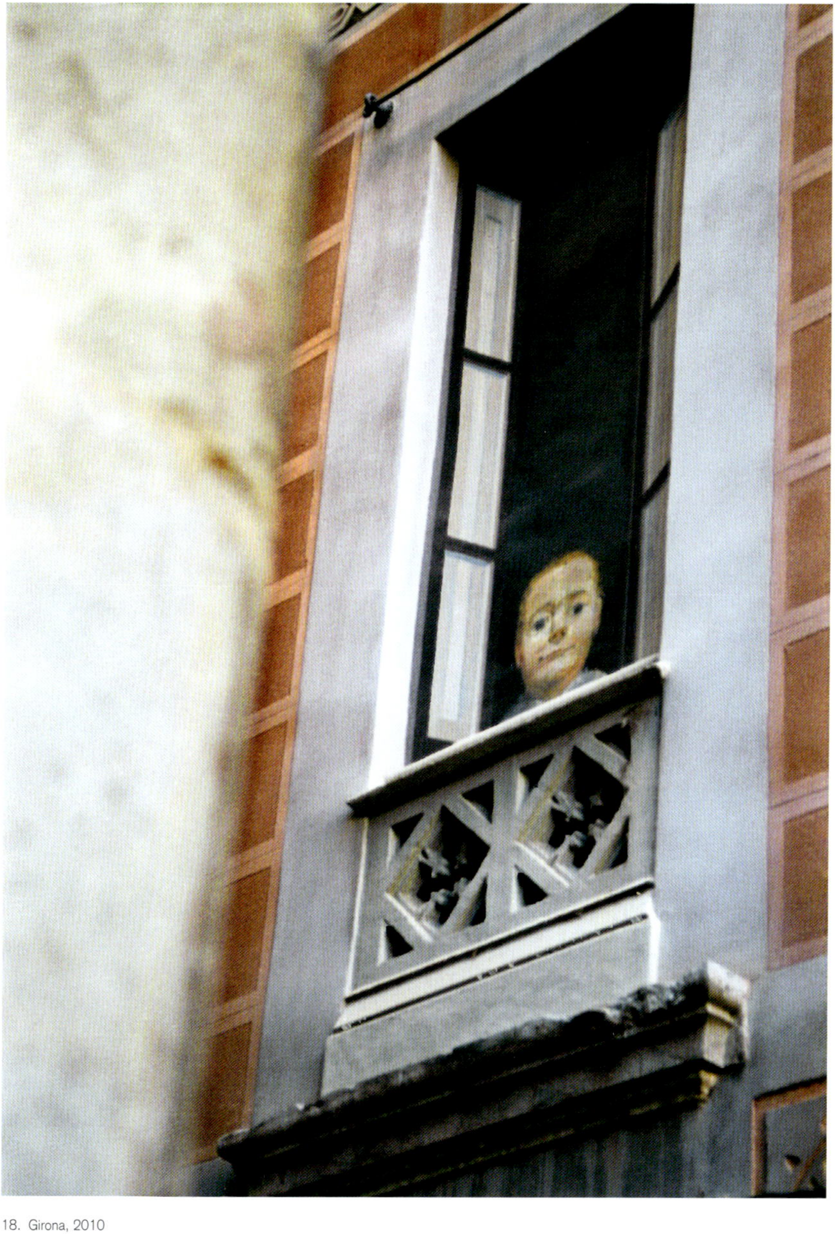

18. Girona, 2010

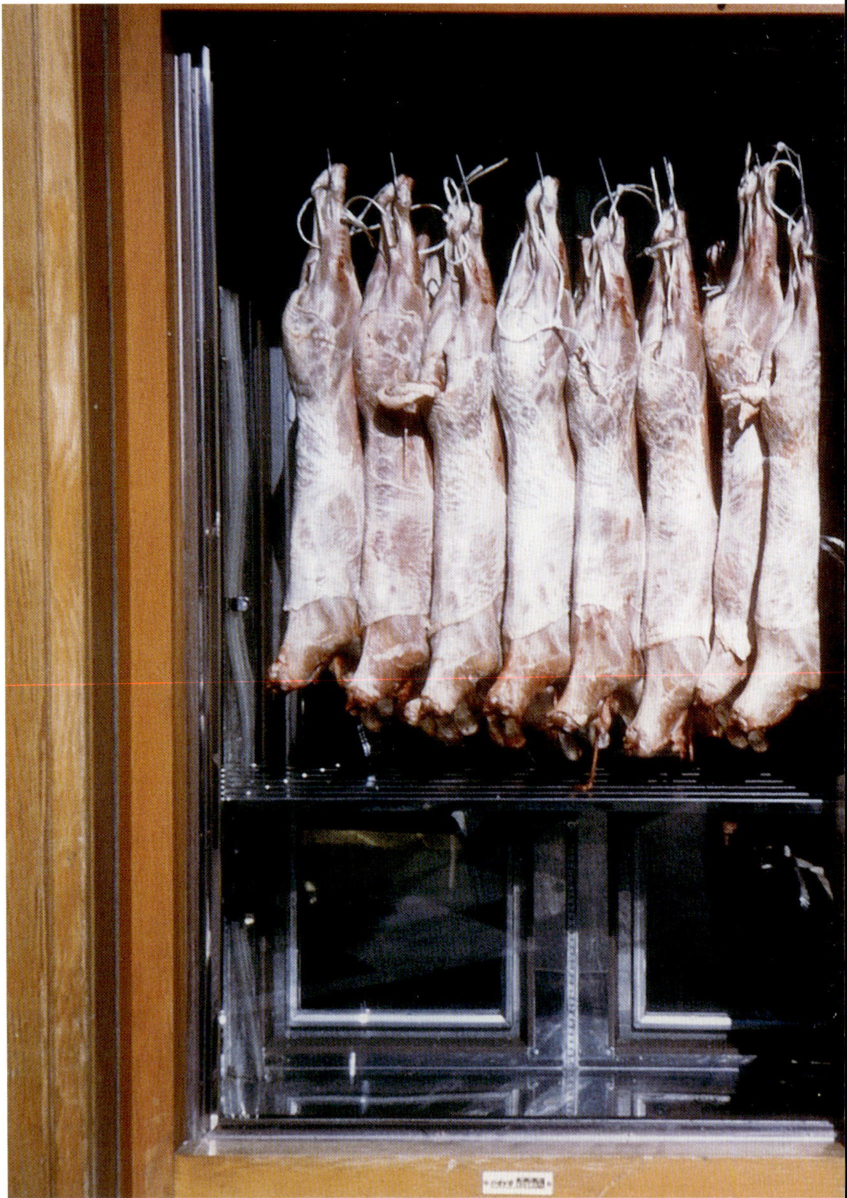

19. Sevilla, 2002

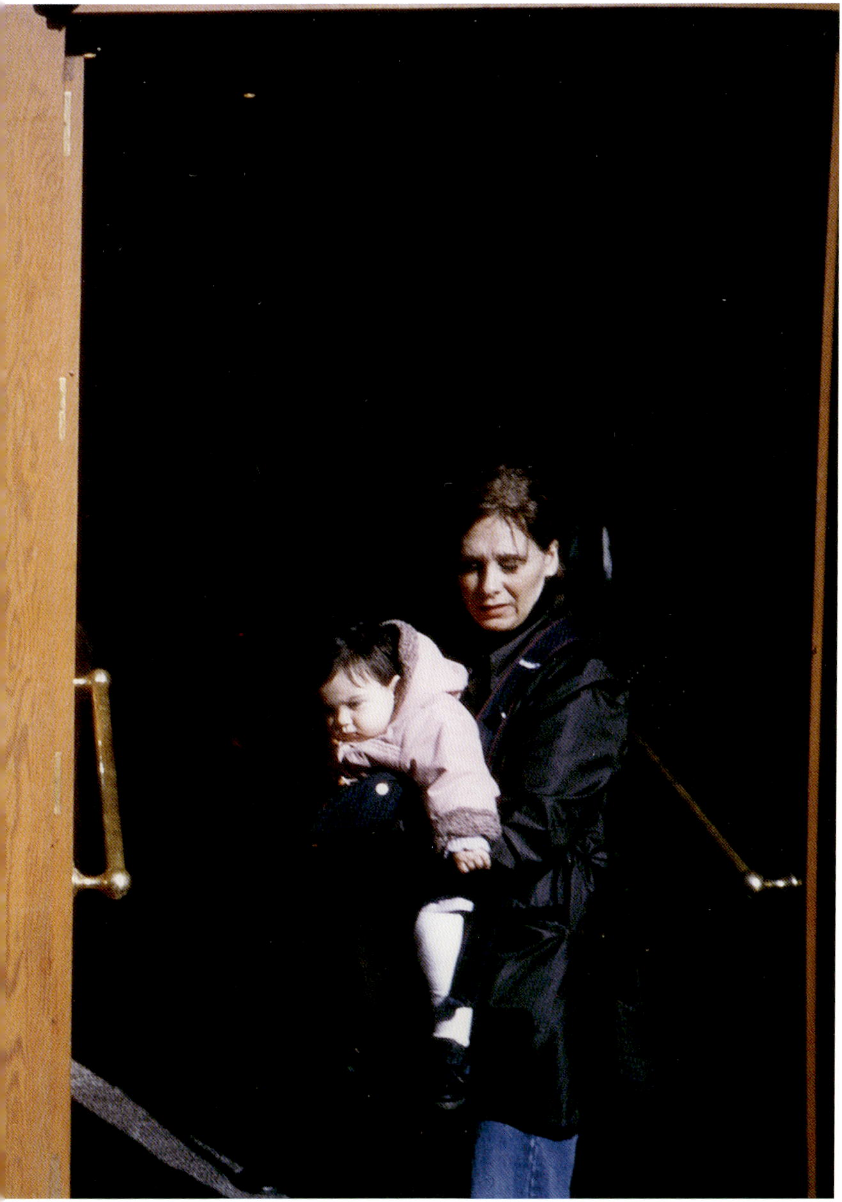

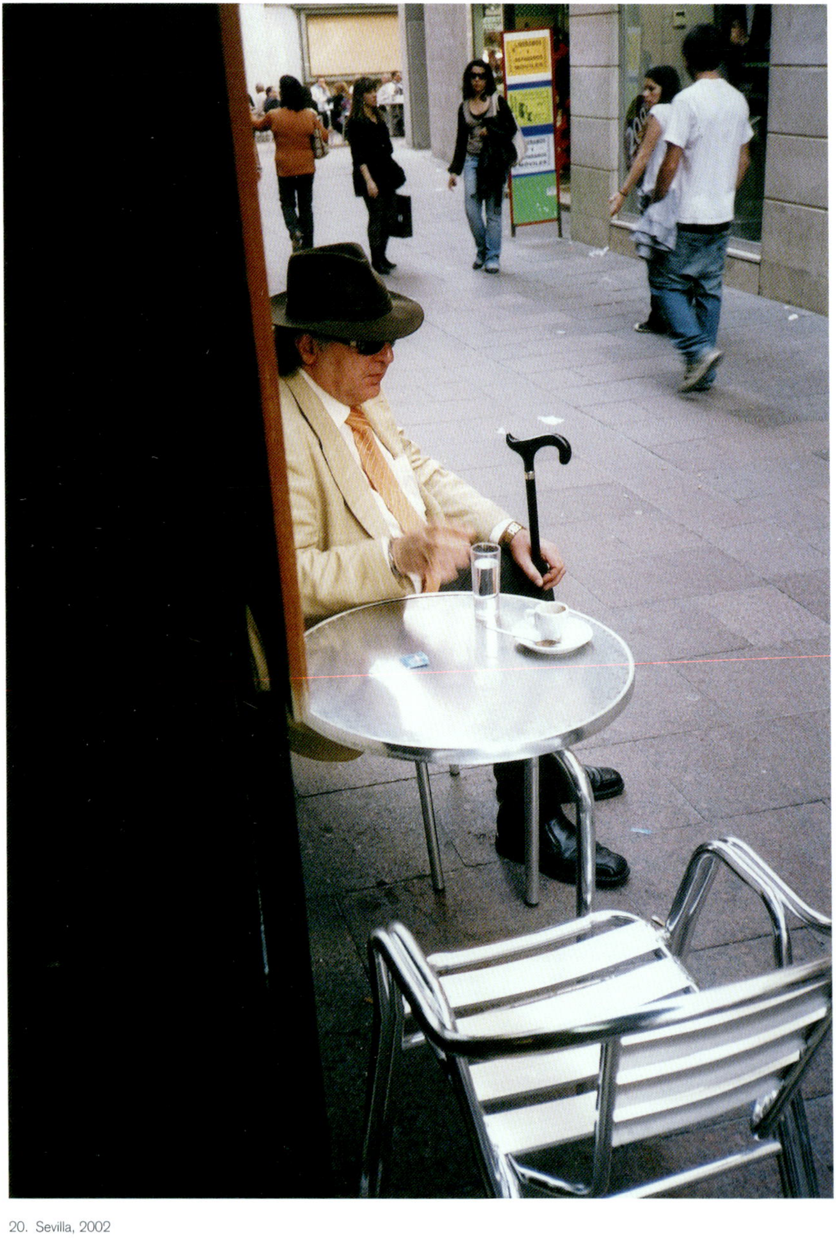

20. Sevilla, 2002

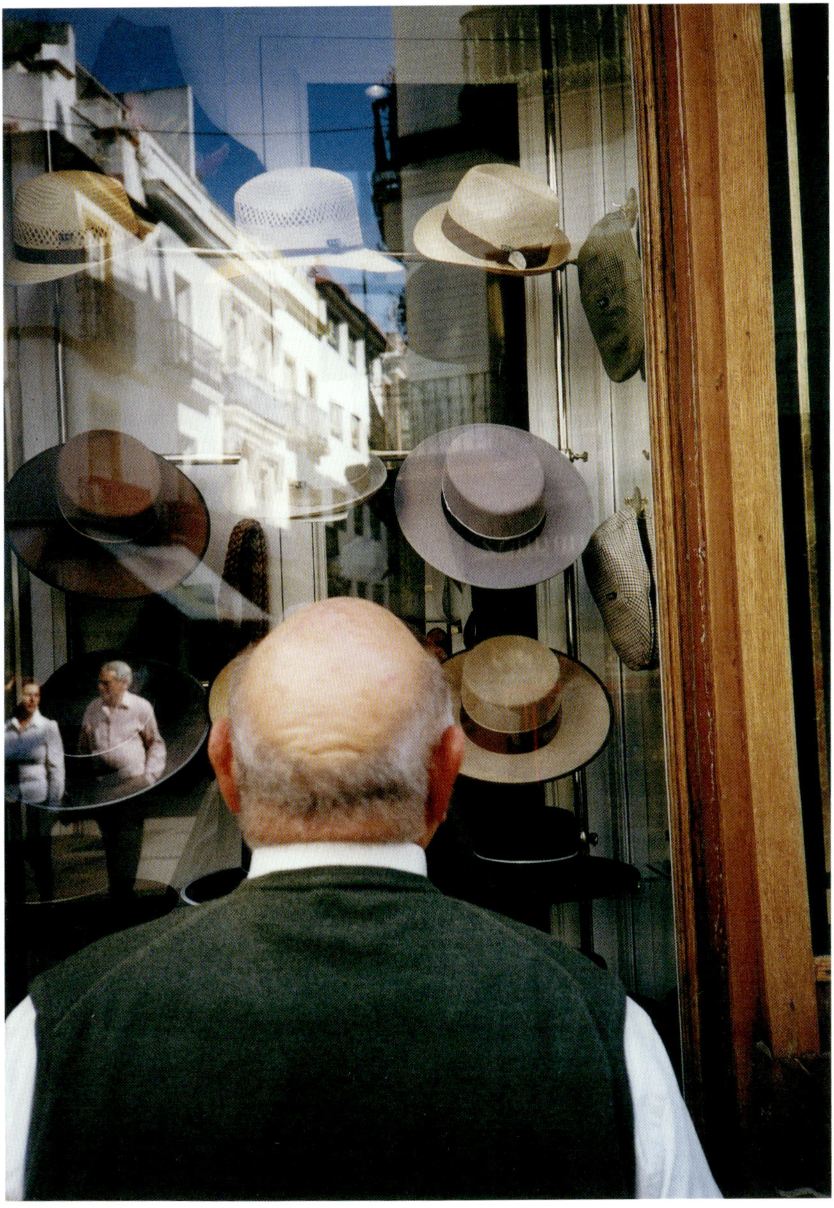

21. Sevilla, 2002

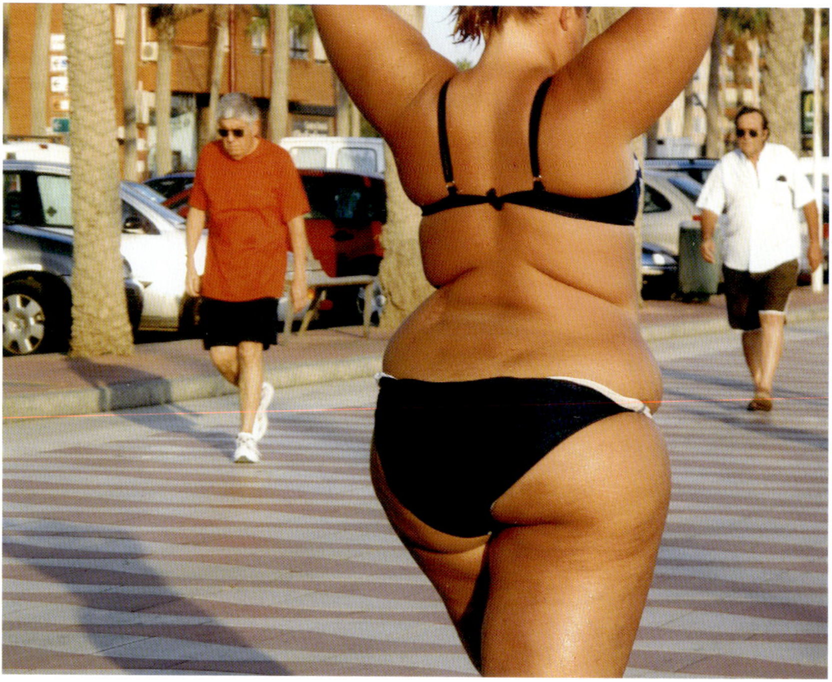

22. Almería, 2016

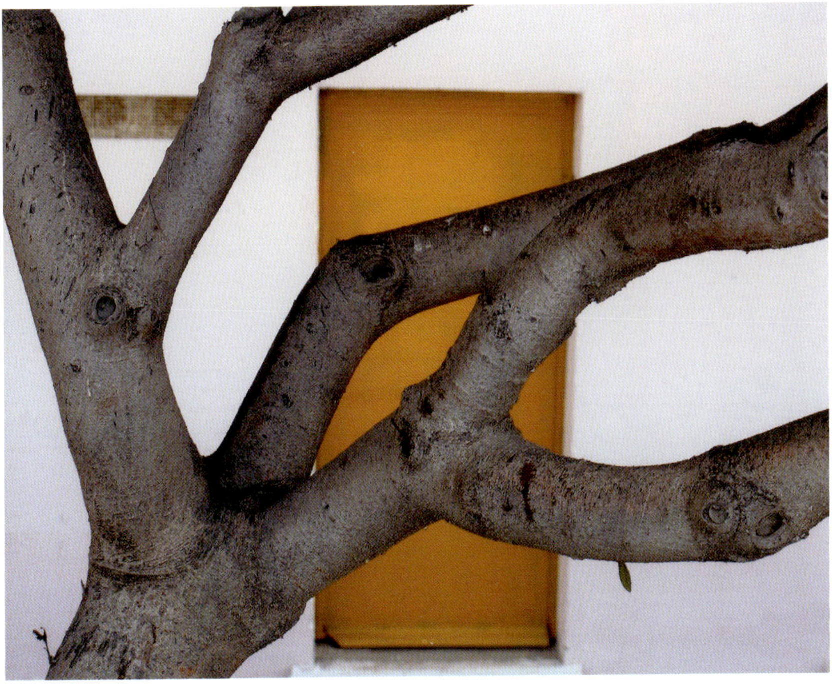

23. Almería, 2016

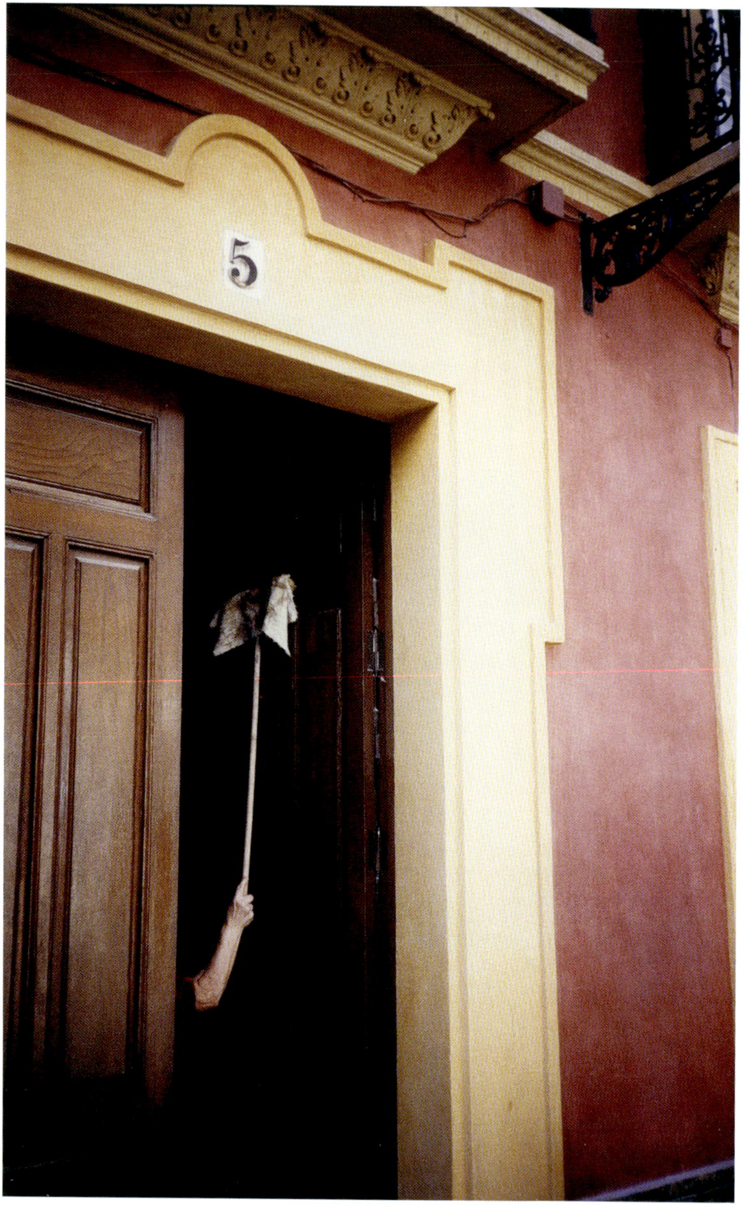

24. Sevilla, 2005

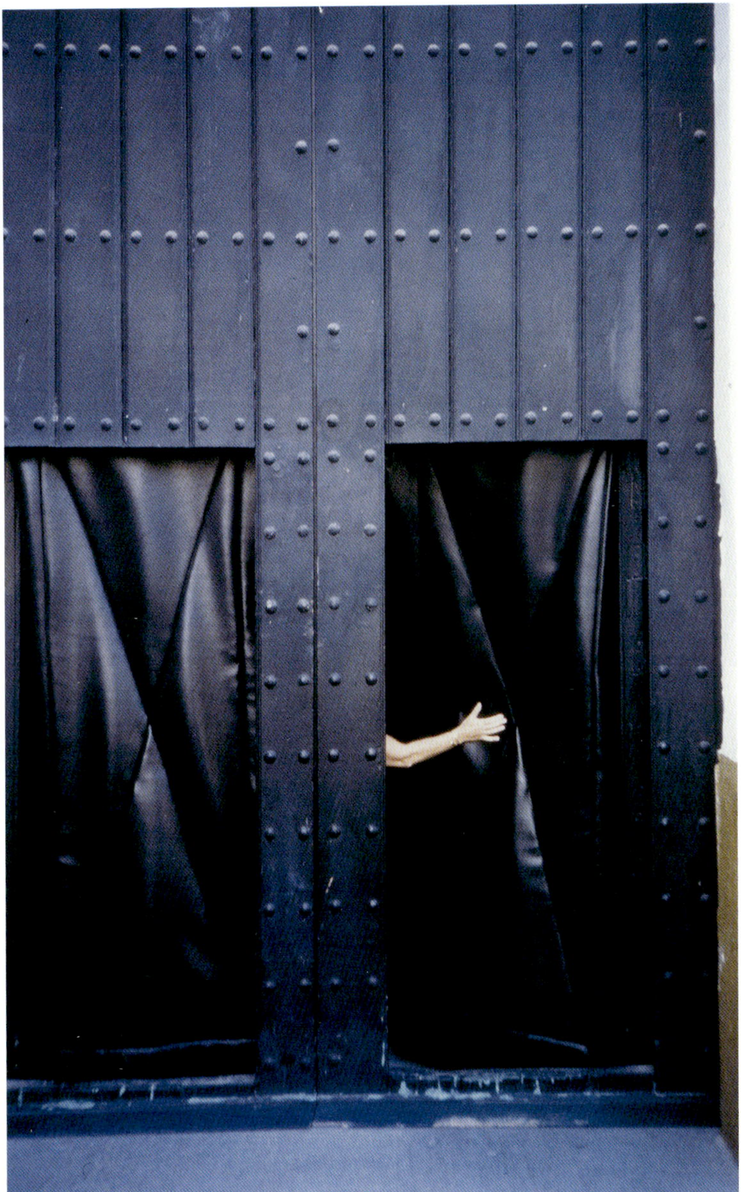

25. Sevilla, 2005

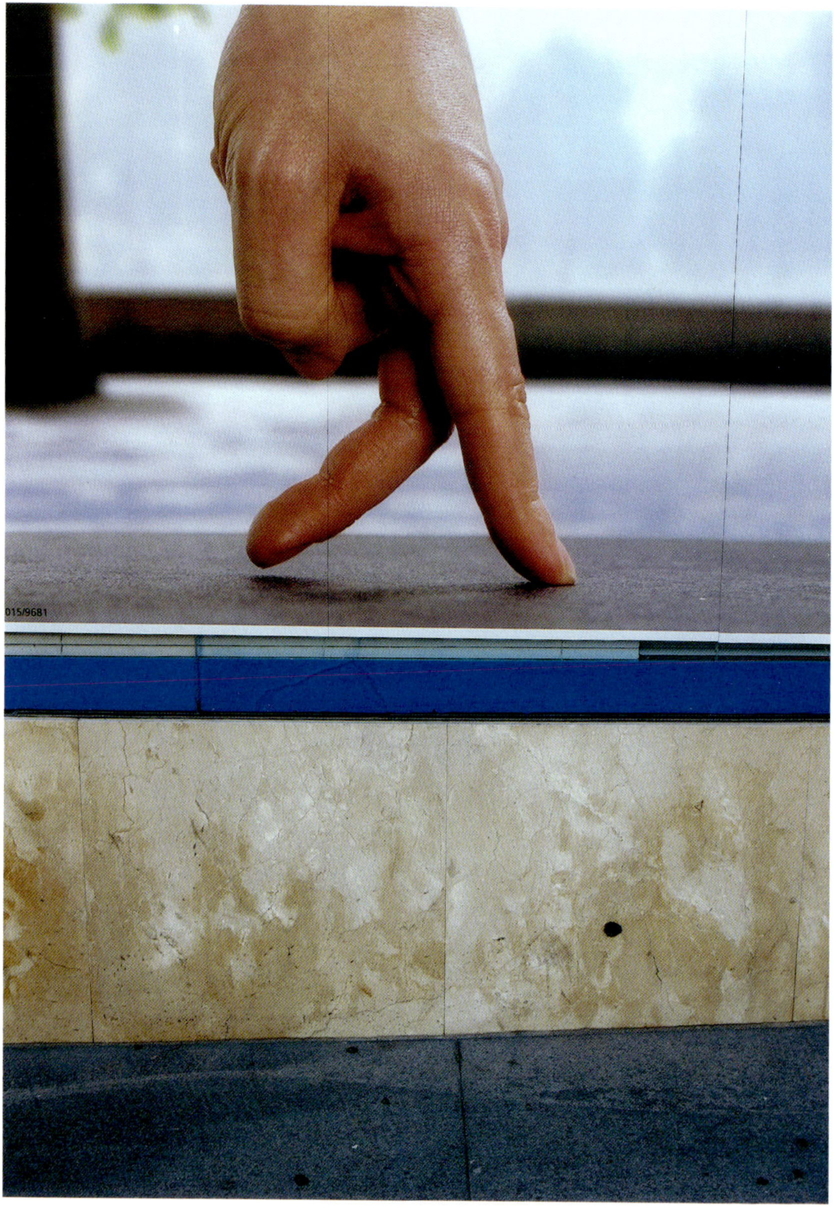

26. Almería, 2016

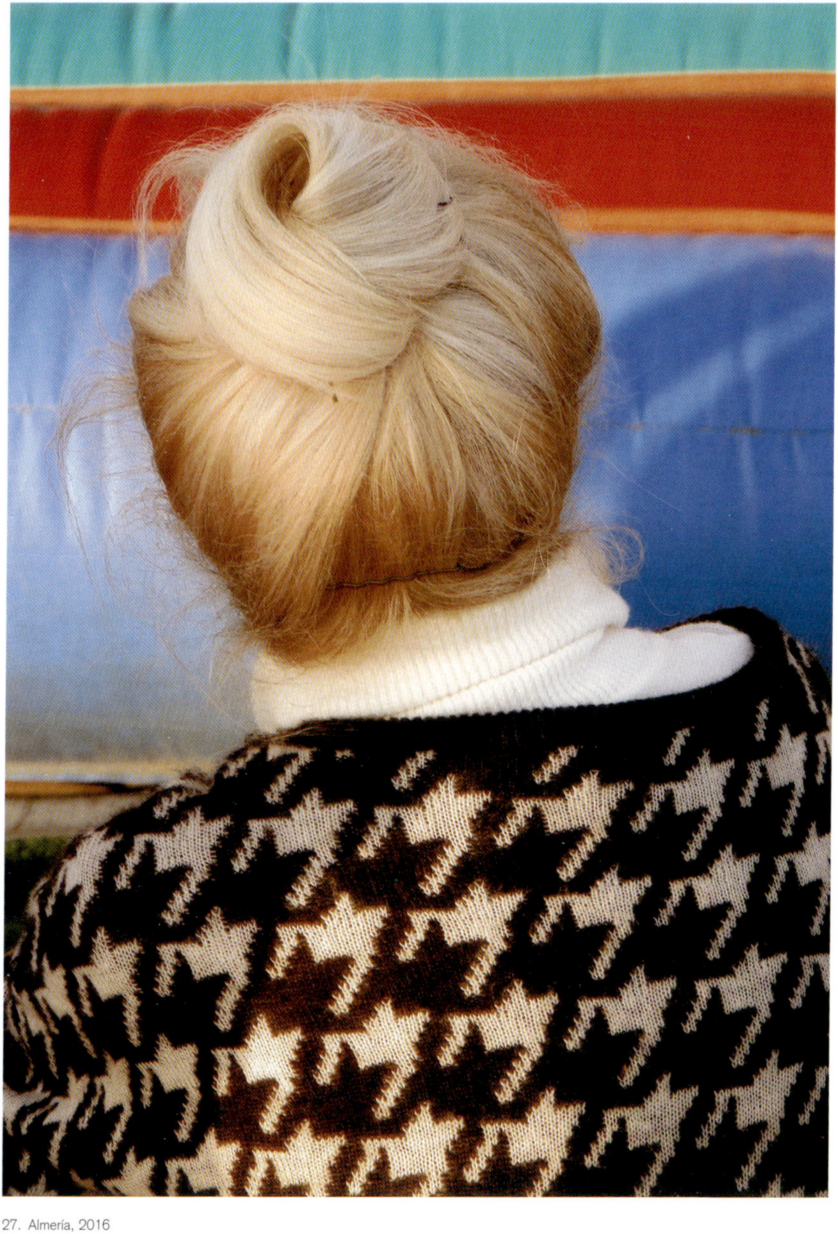

27. Almería, 2016

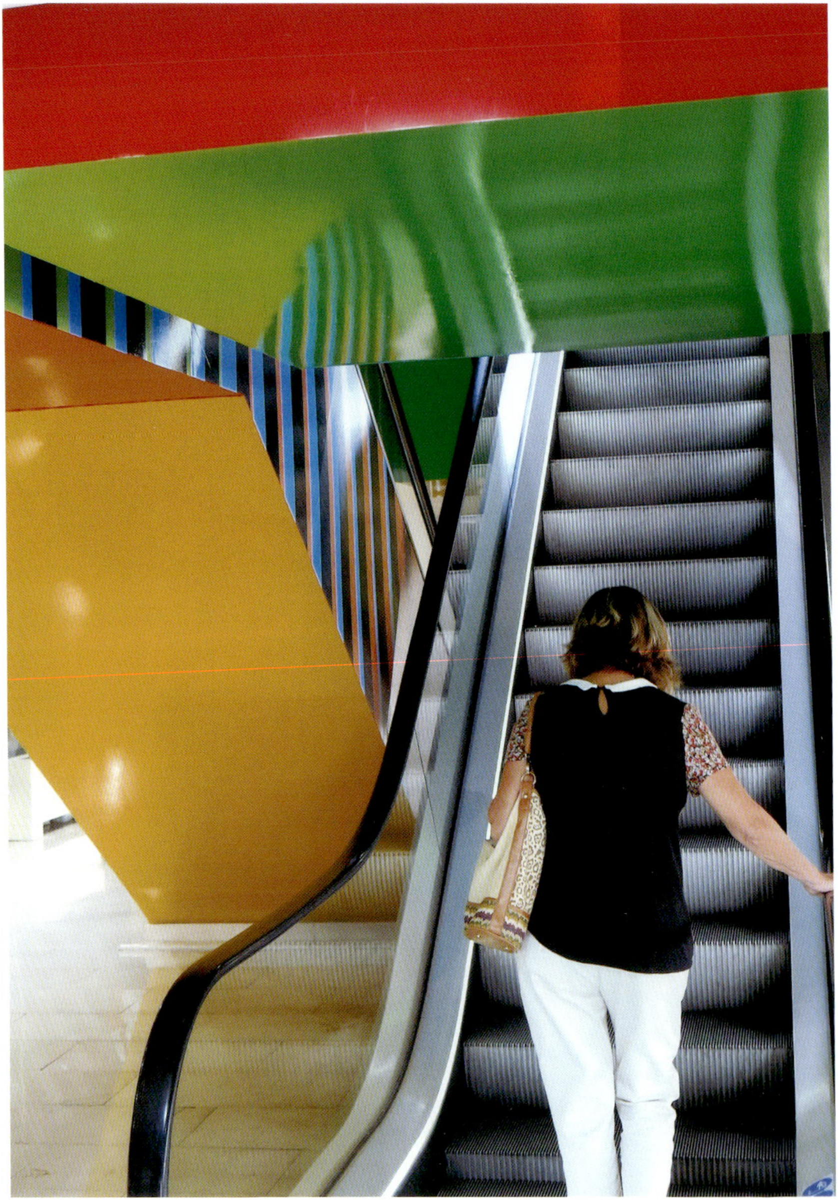

28. Madrid, 2016

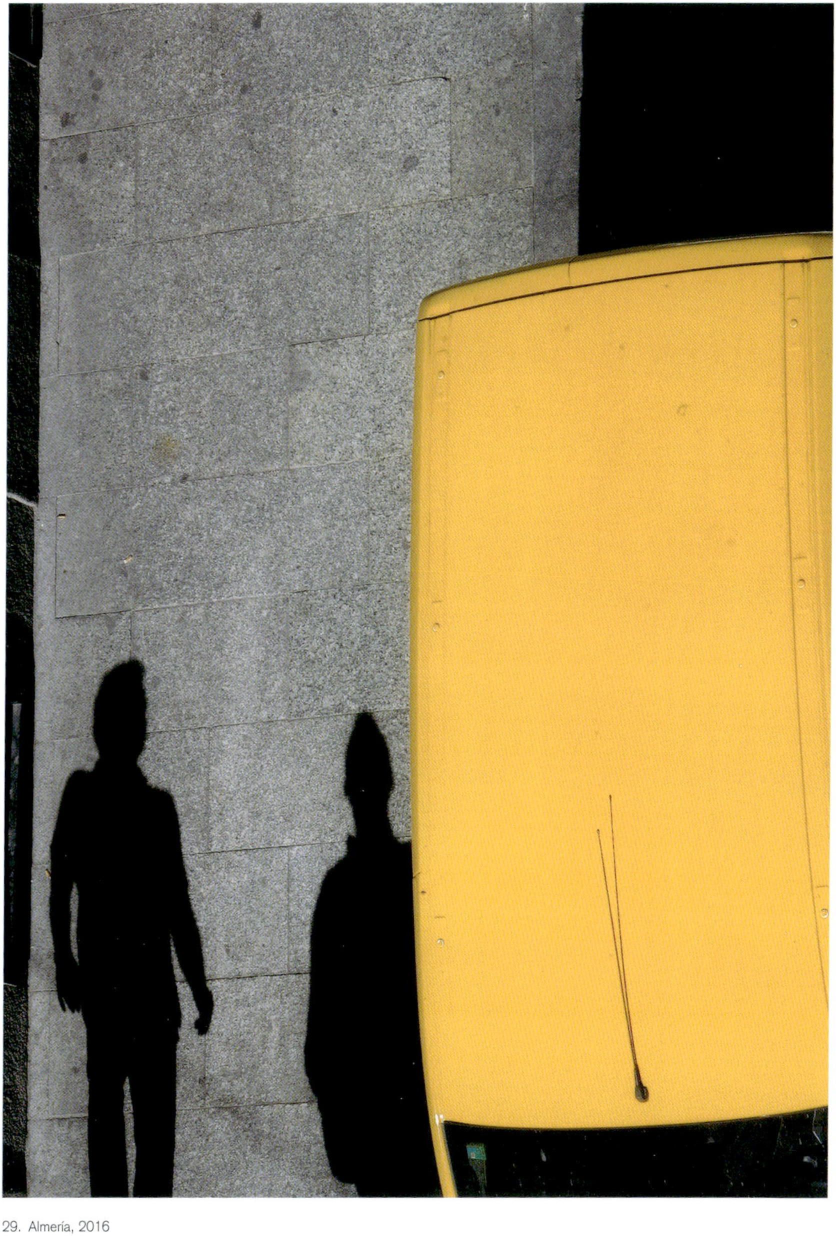

29. Almería, 2016

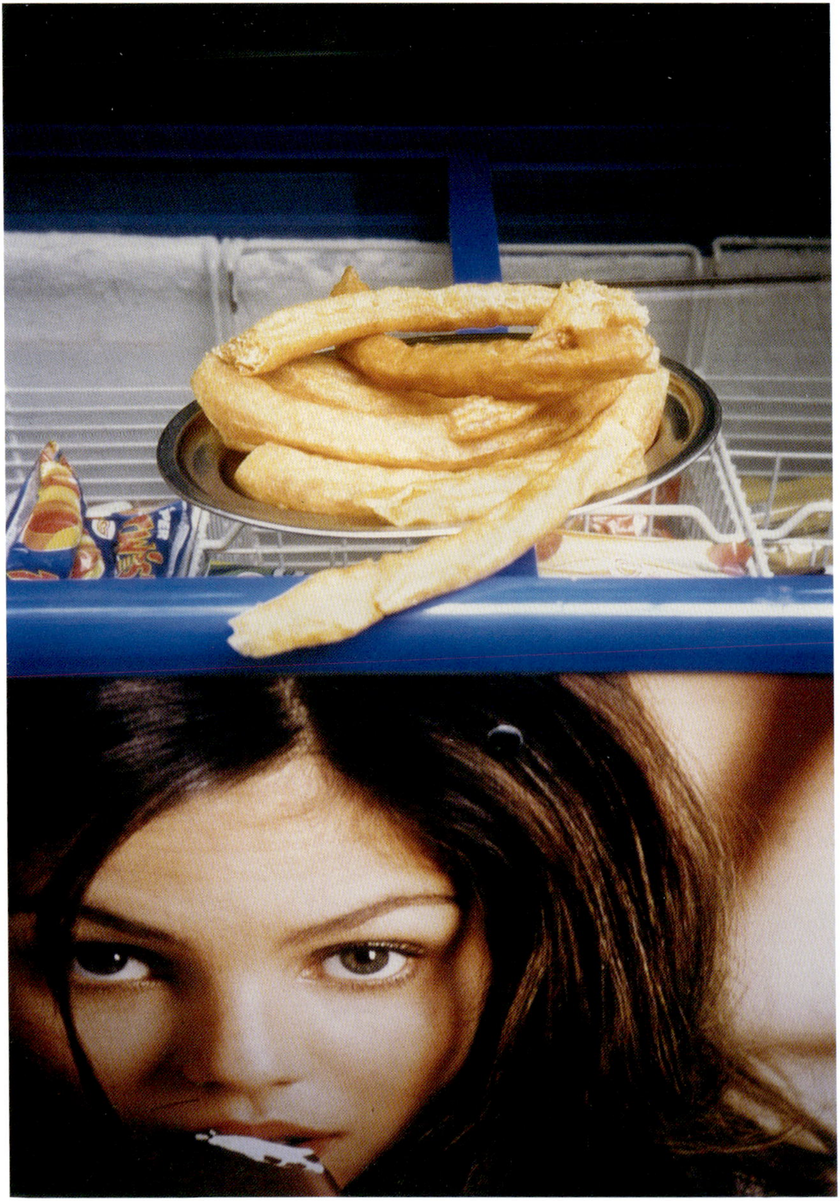

30. Sevilla, 2005

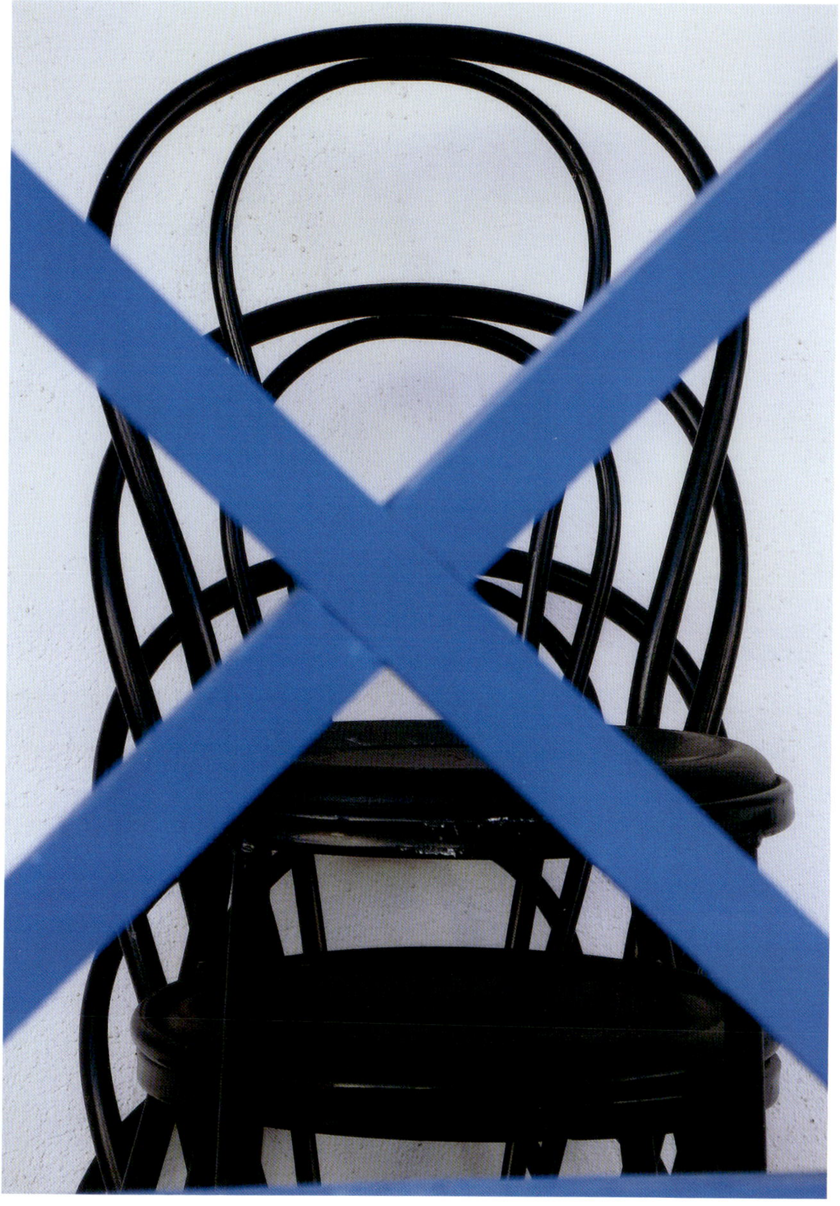

31. Las Negras (Almería), 2014

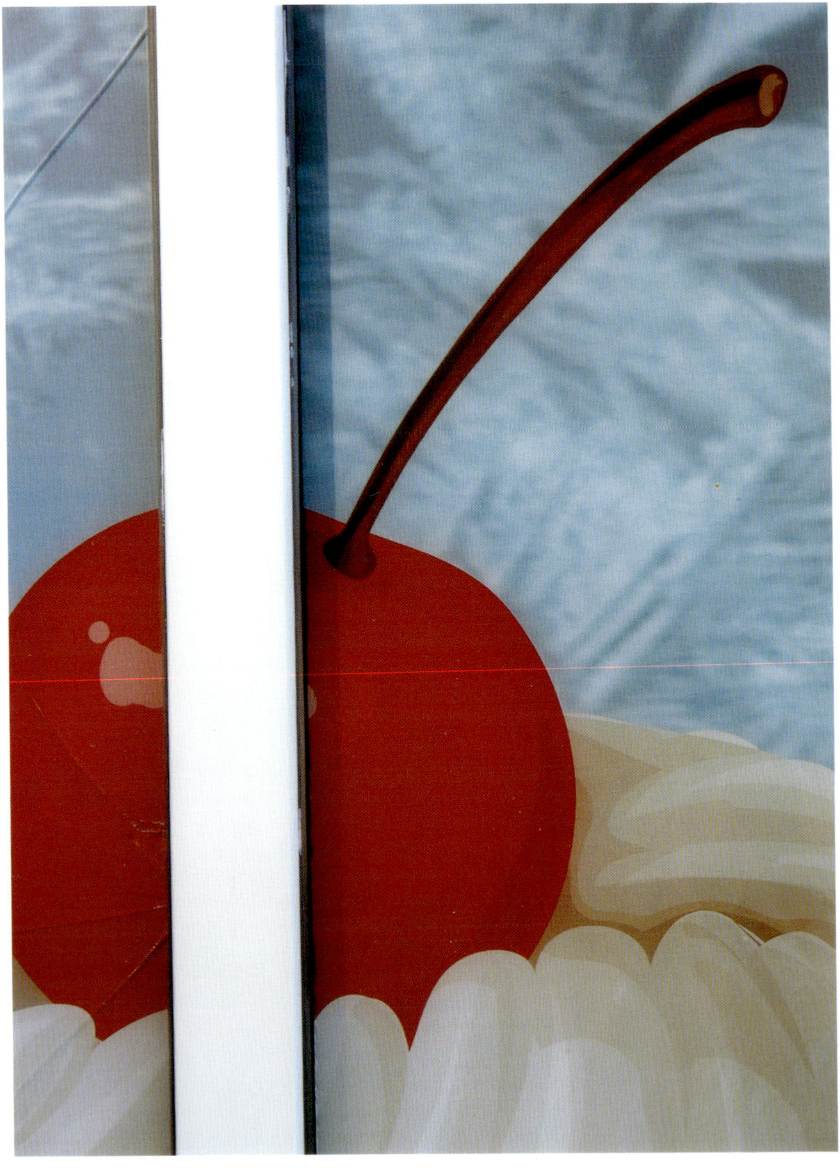

32. Almería, 2017

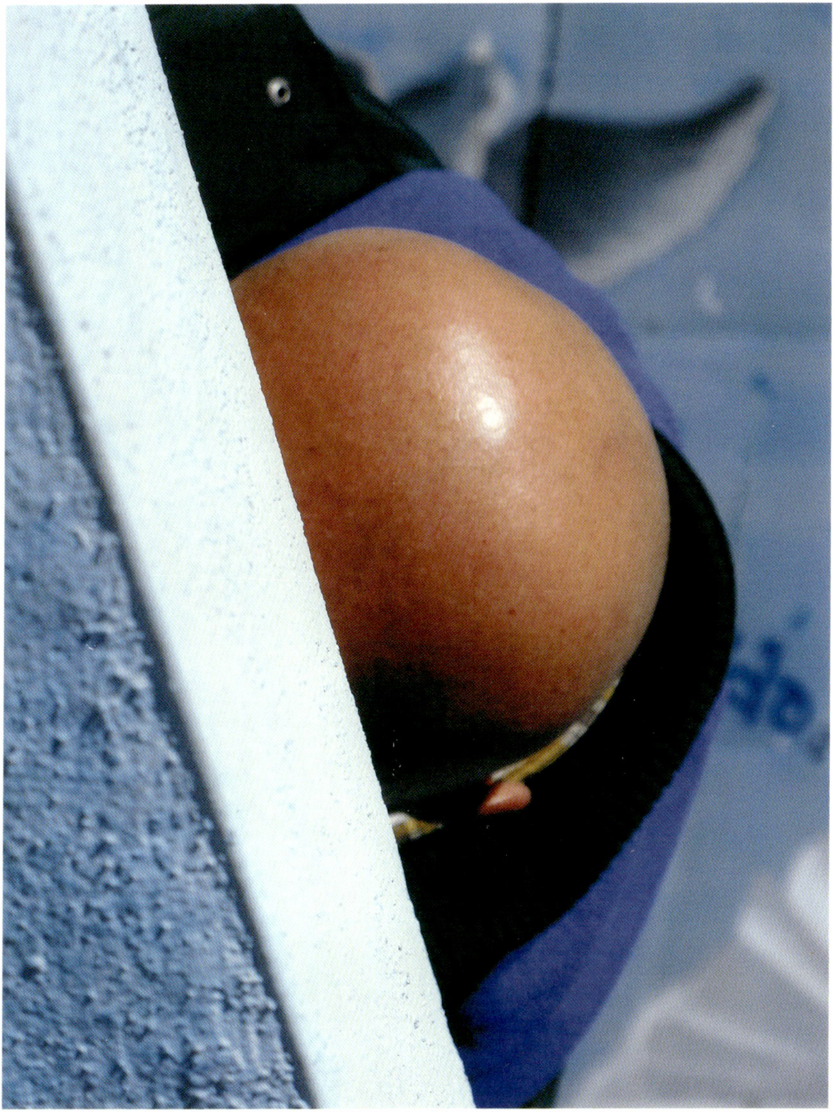

33. Almería, 2015

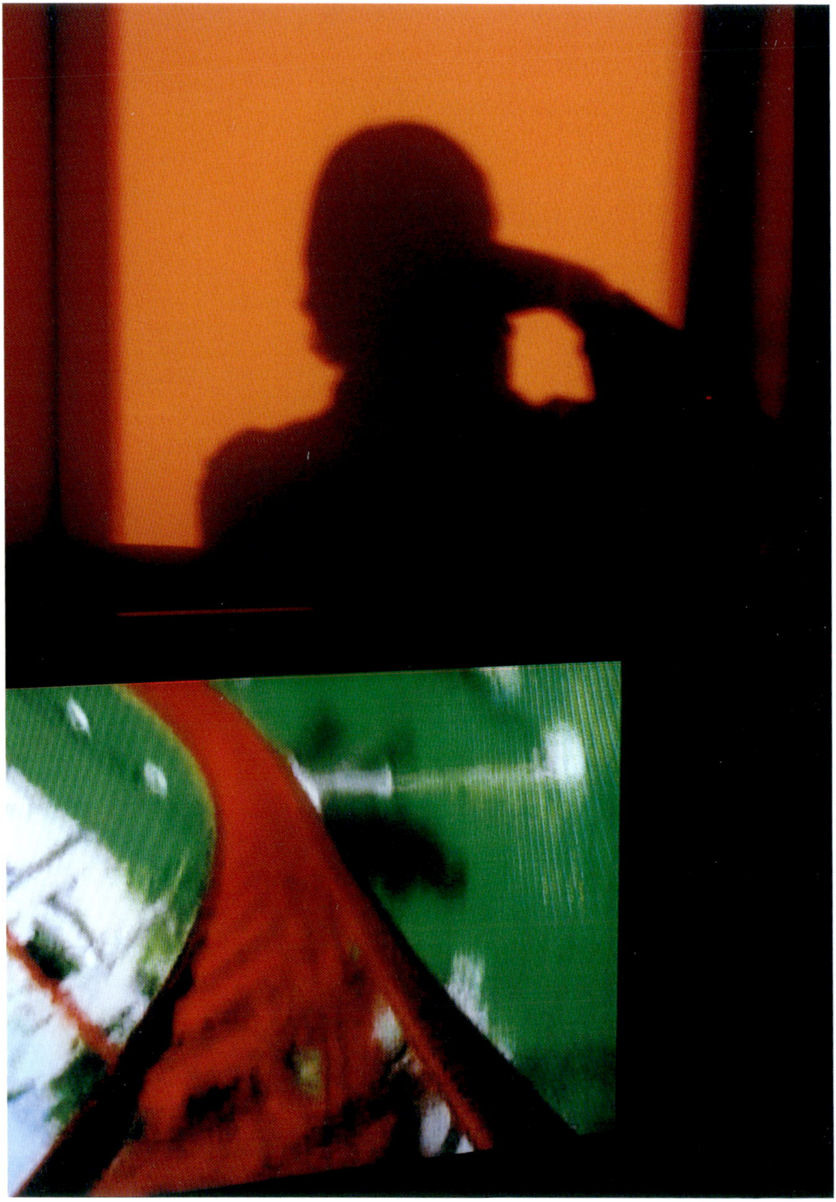

34. Mi sombra y yo. Almería, 2014

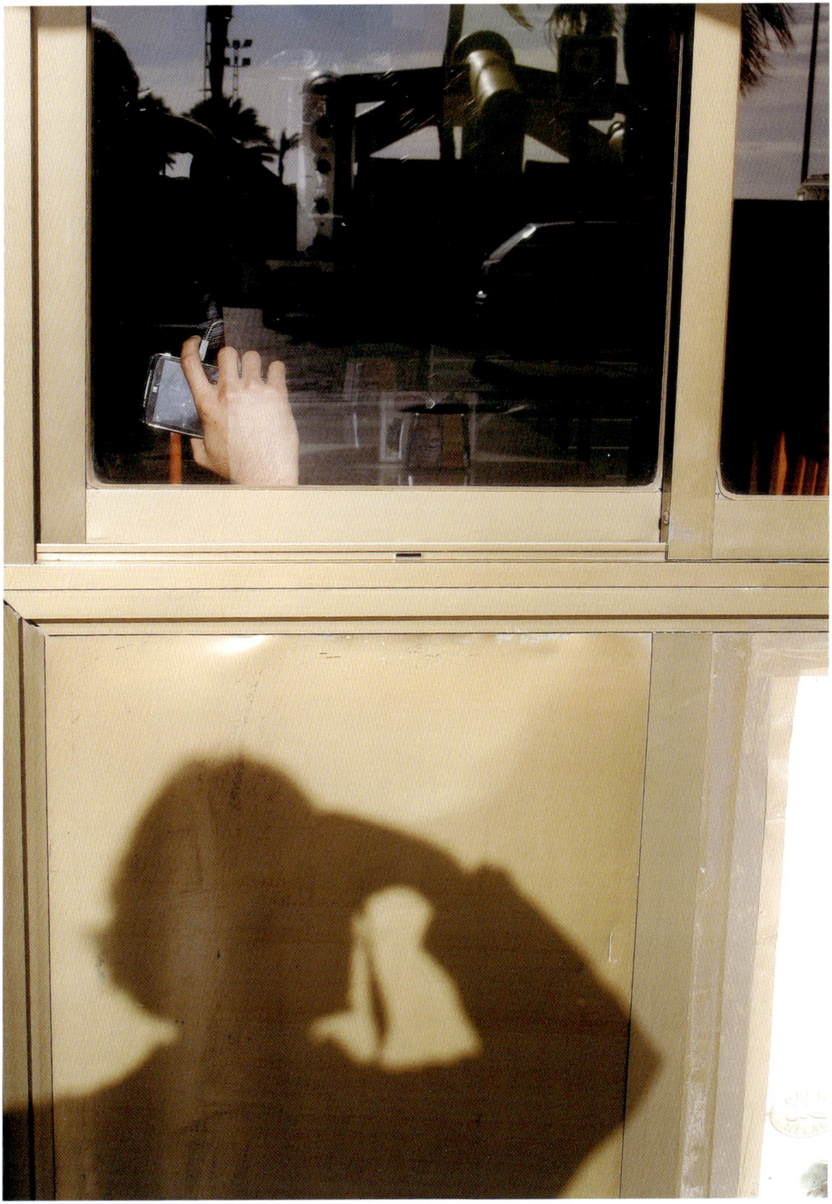

35. Mi sombra y yo. Almería, 2014

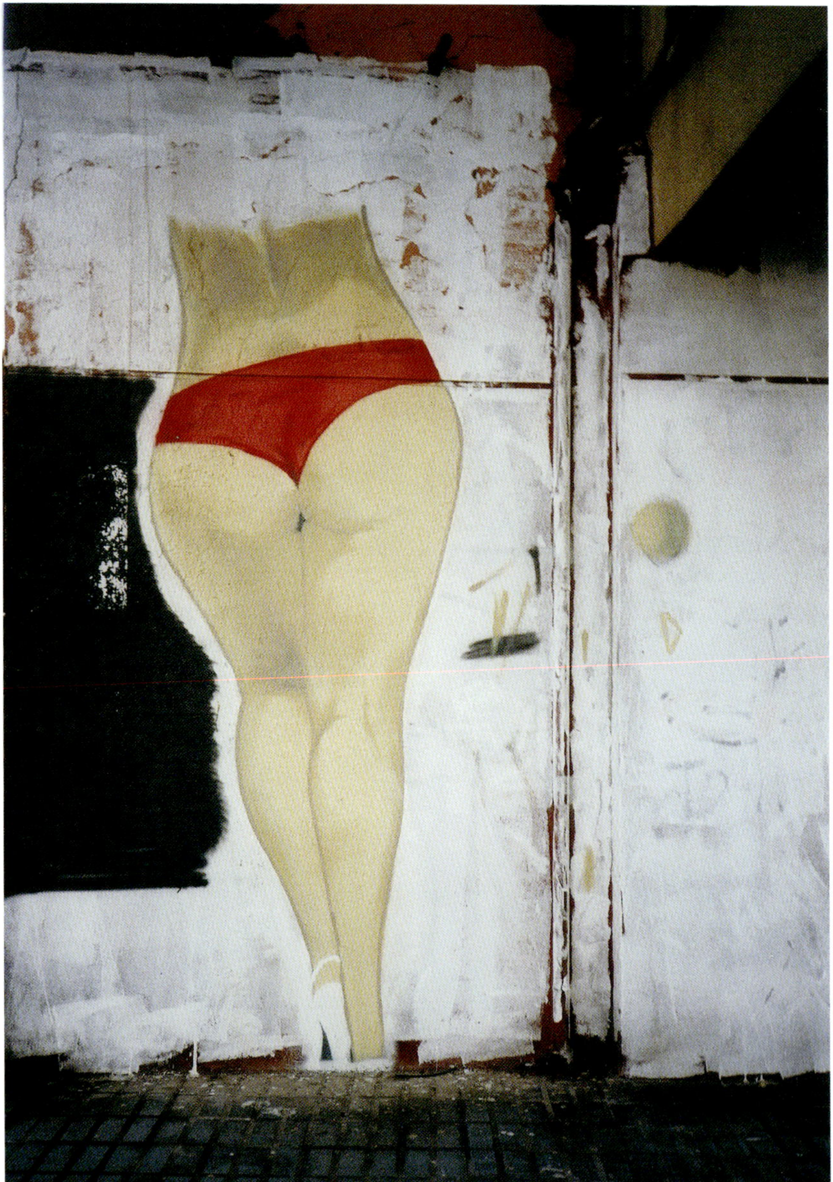

36. Almería, 2013

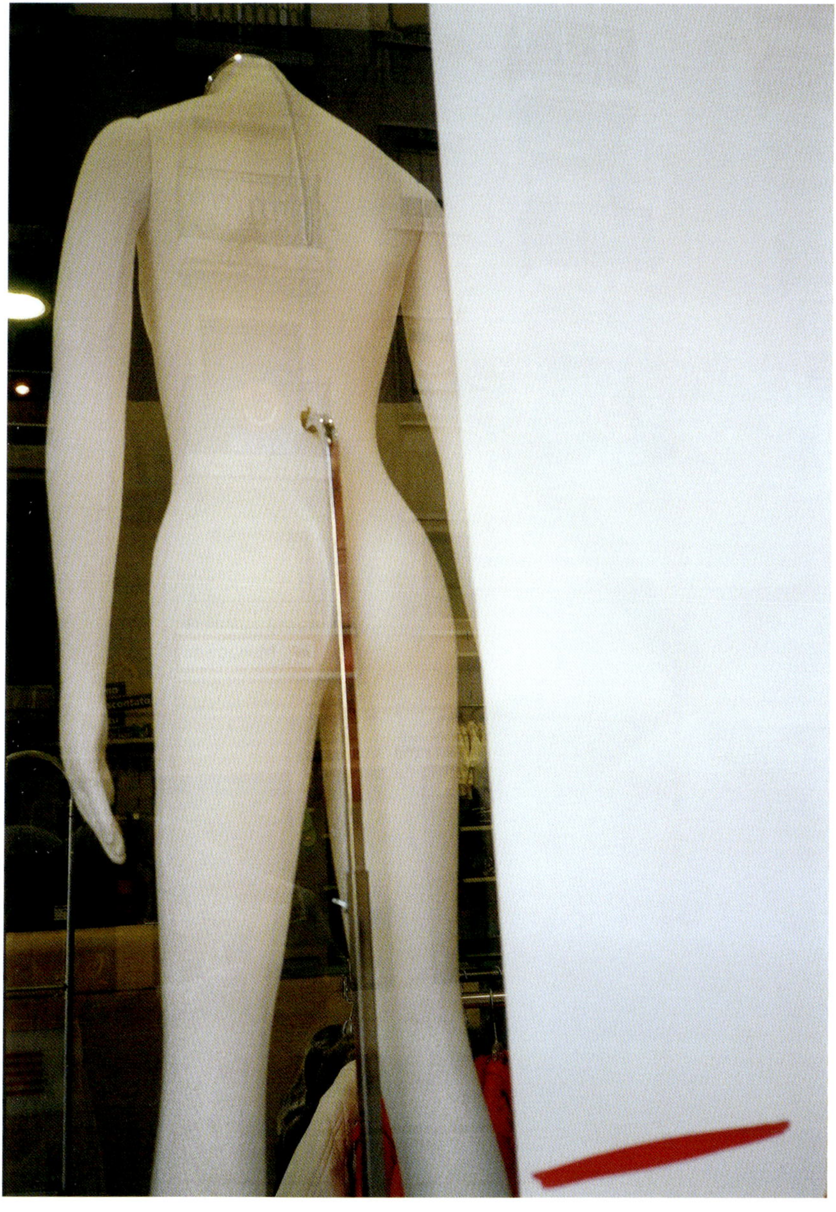

37. Almería, 2016

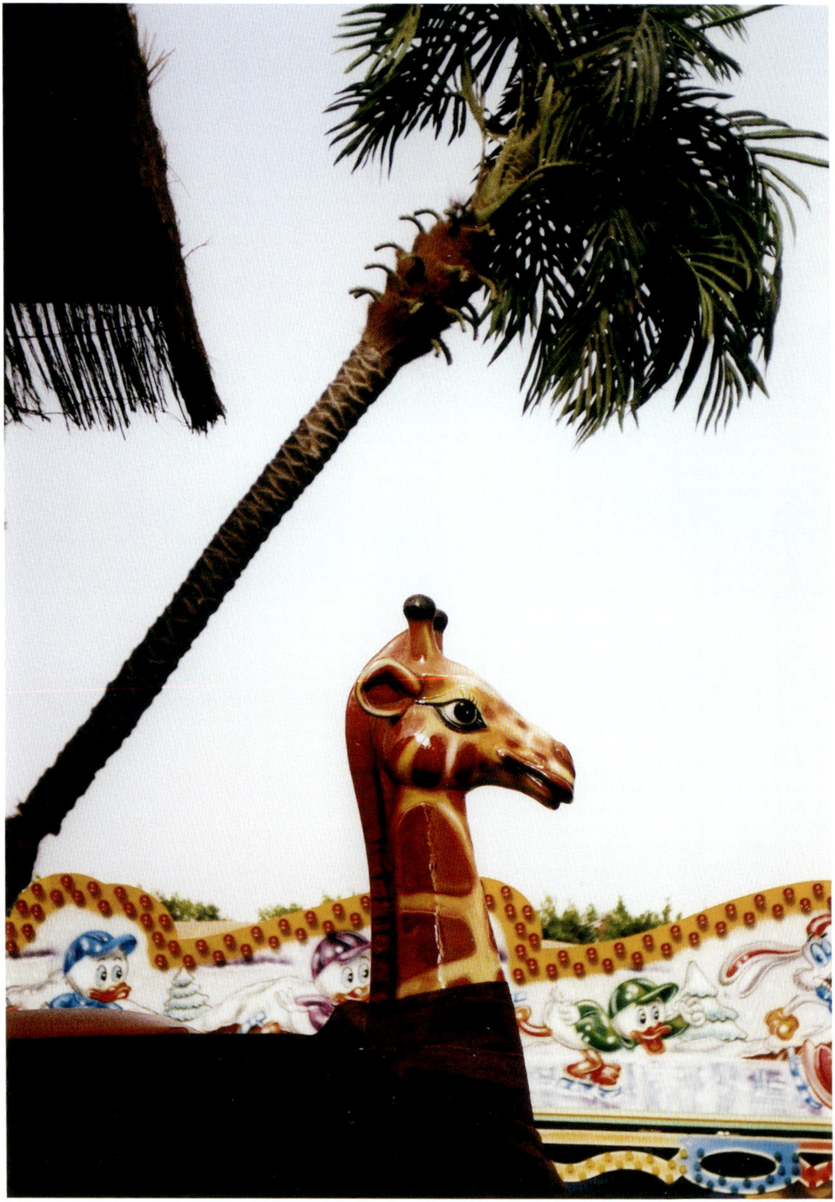

38. Almería, 2016

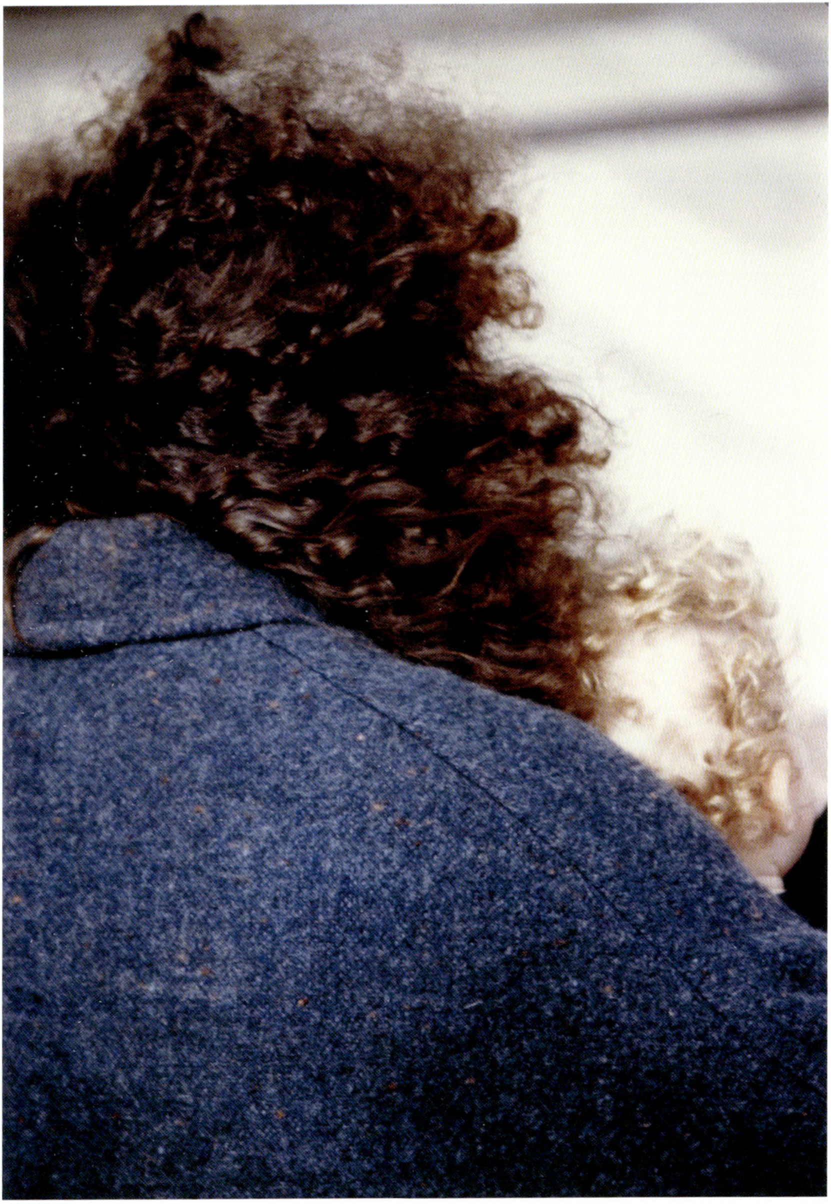

39. Sevilla, 2005

40. Mi sombra y yo. Almería, 2014

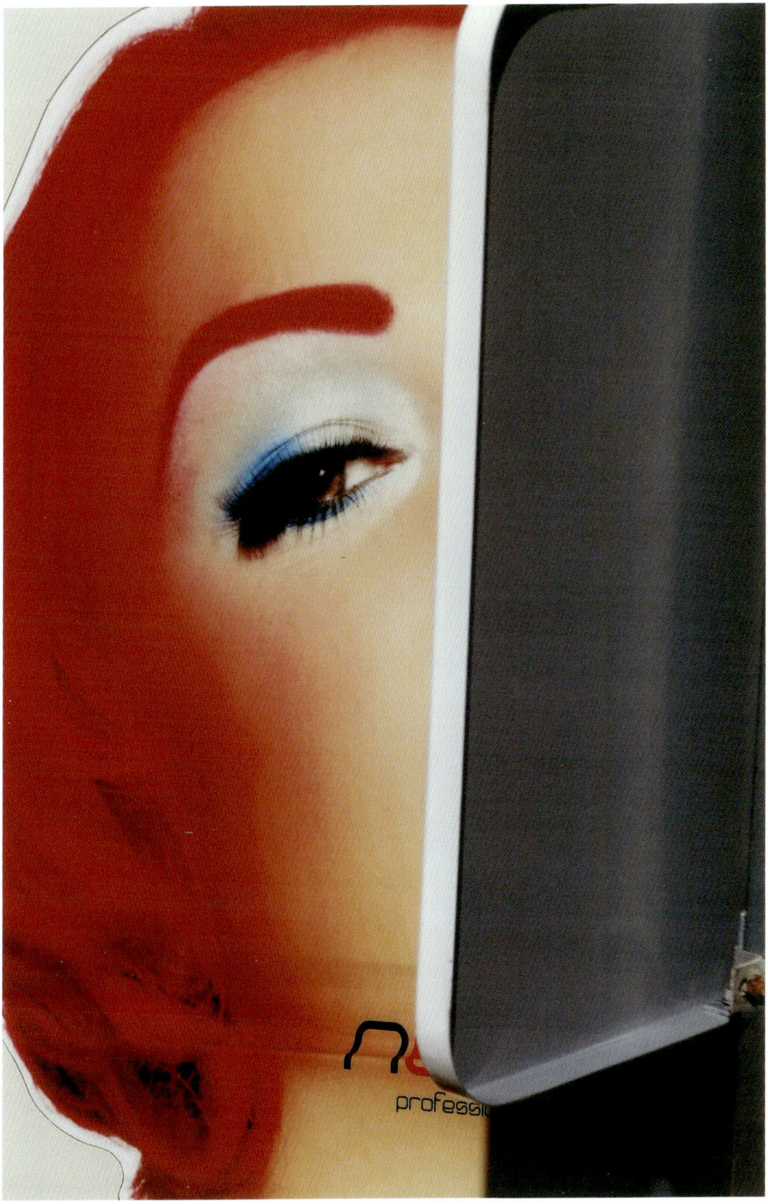

41. Las Negras (Almería), 2016

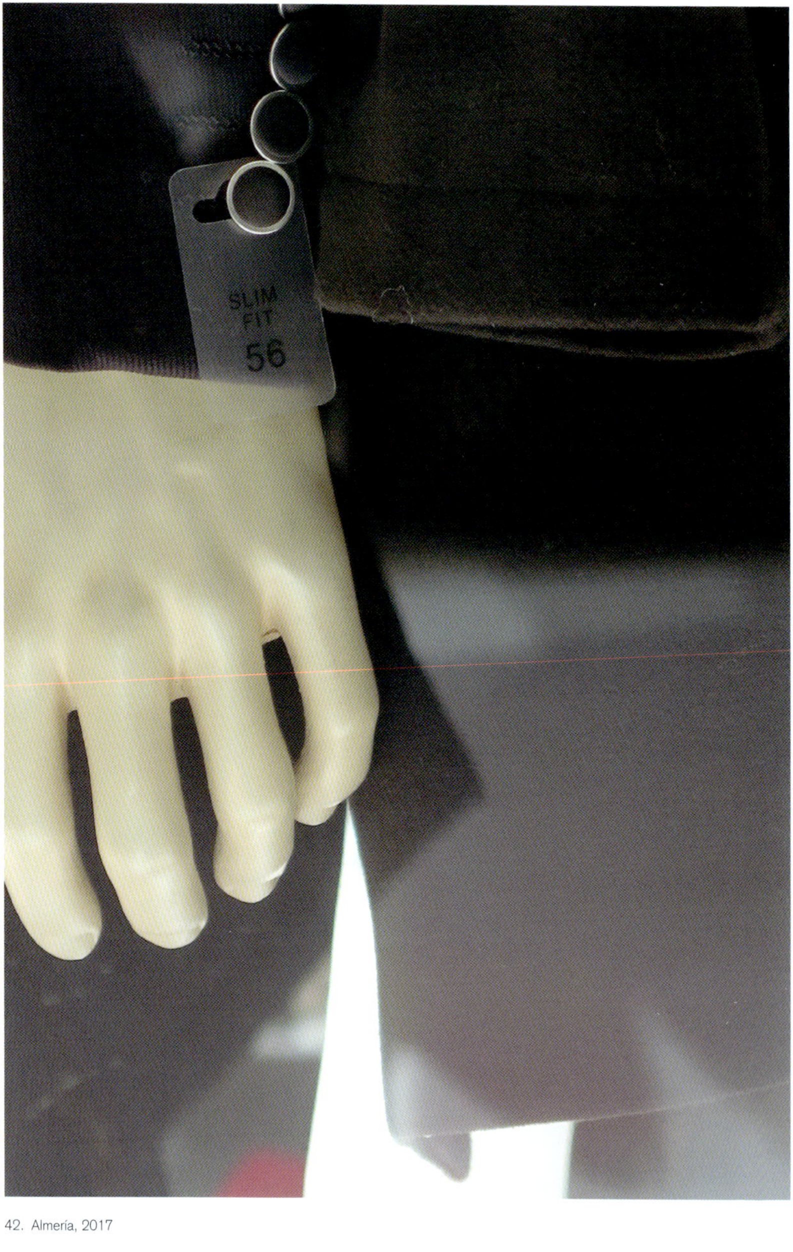

42. Almería, 2017

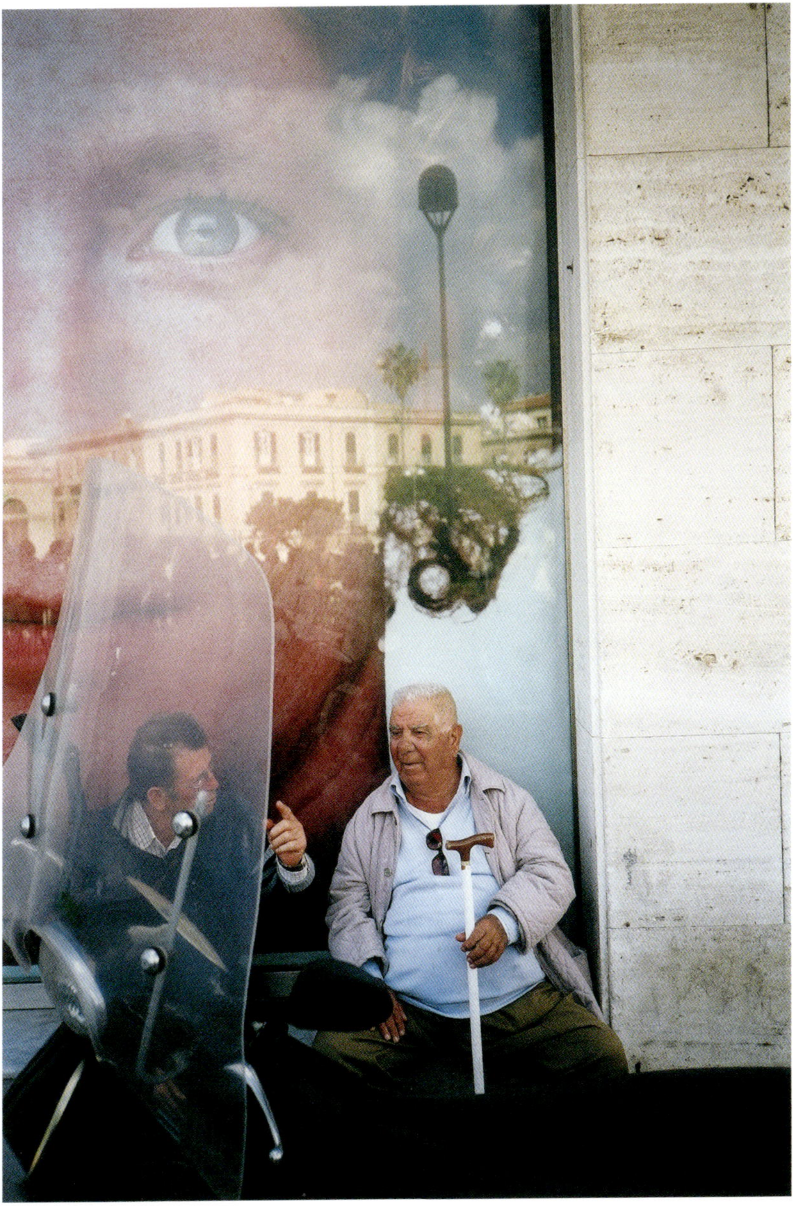

43. Sicilia (Italia), 2012

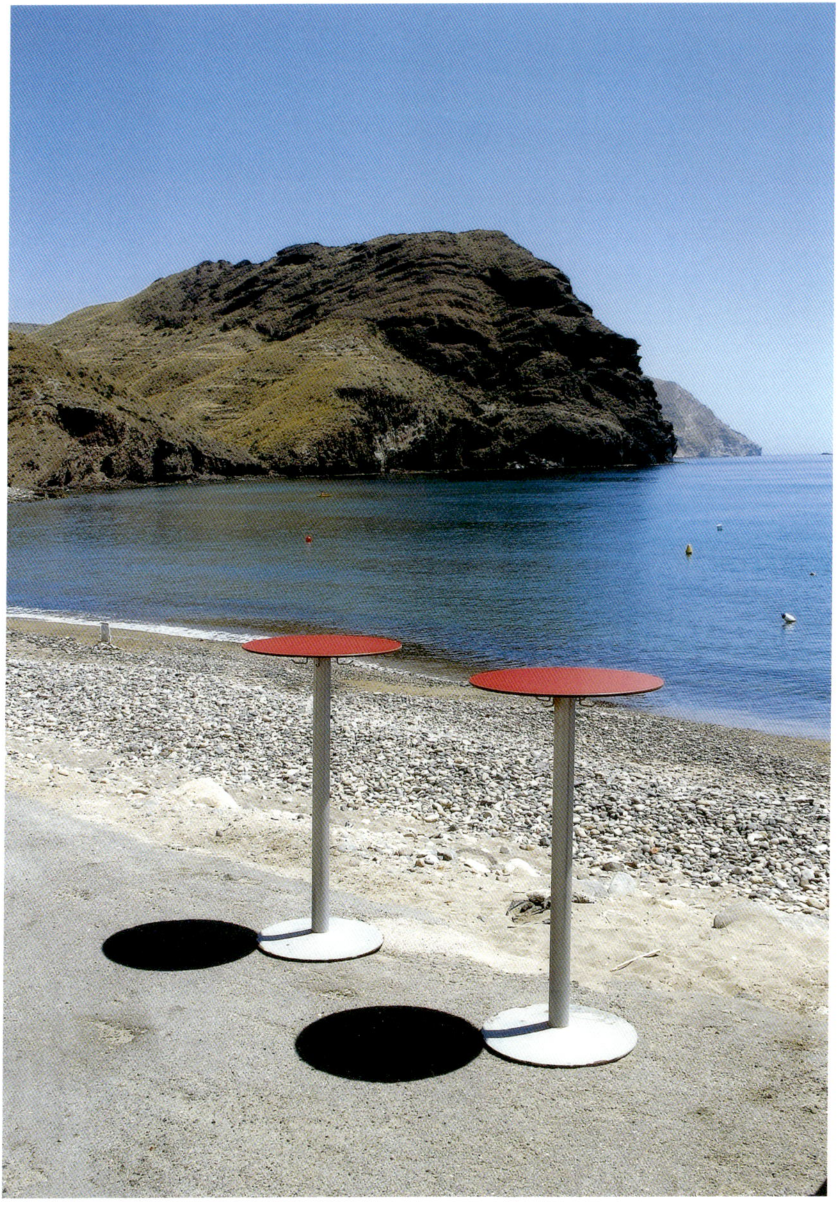

44. Las Negras (Almería), 2014

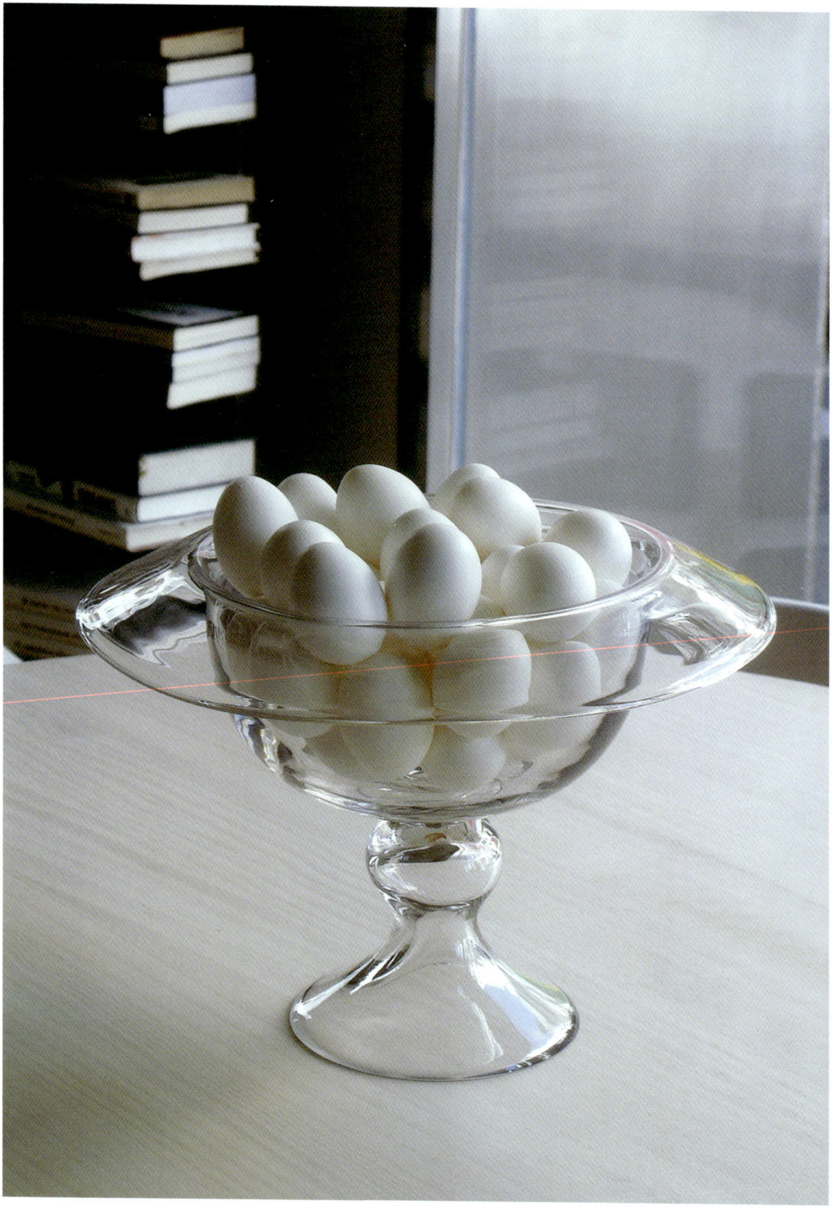

45. Madrid, 2016

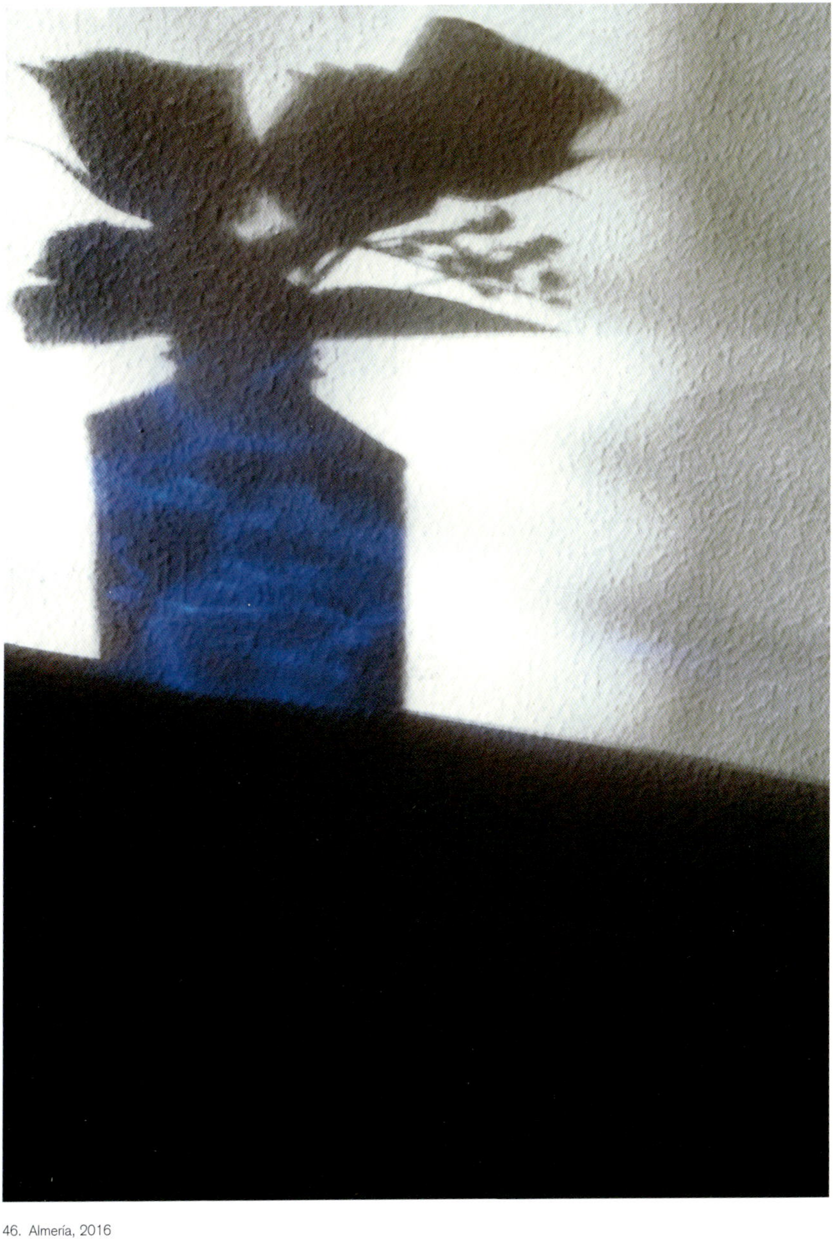

46. Almería, 2016

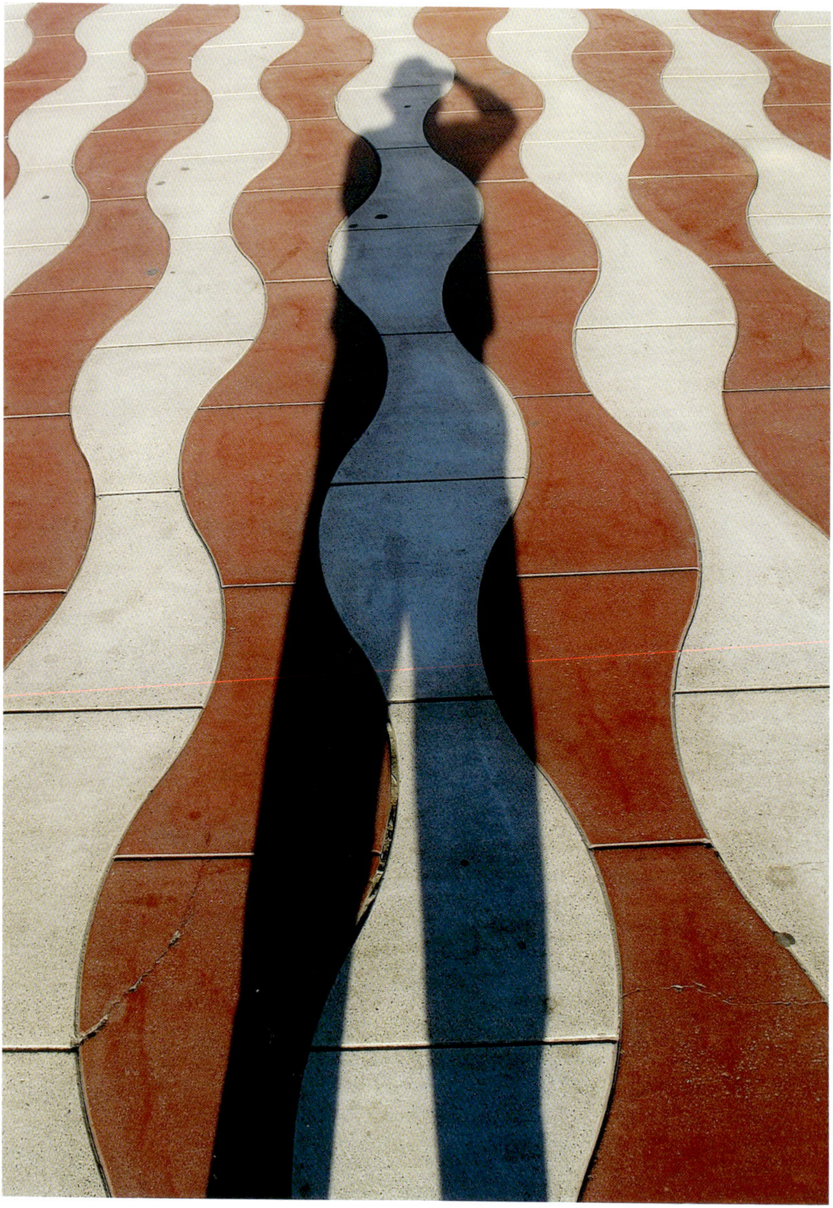

47. Mi sombra y yo. Almería, 2013

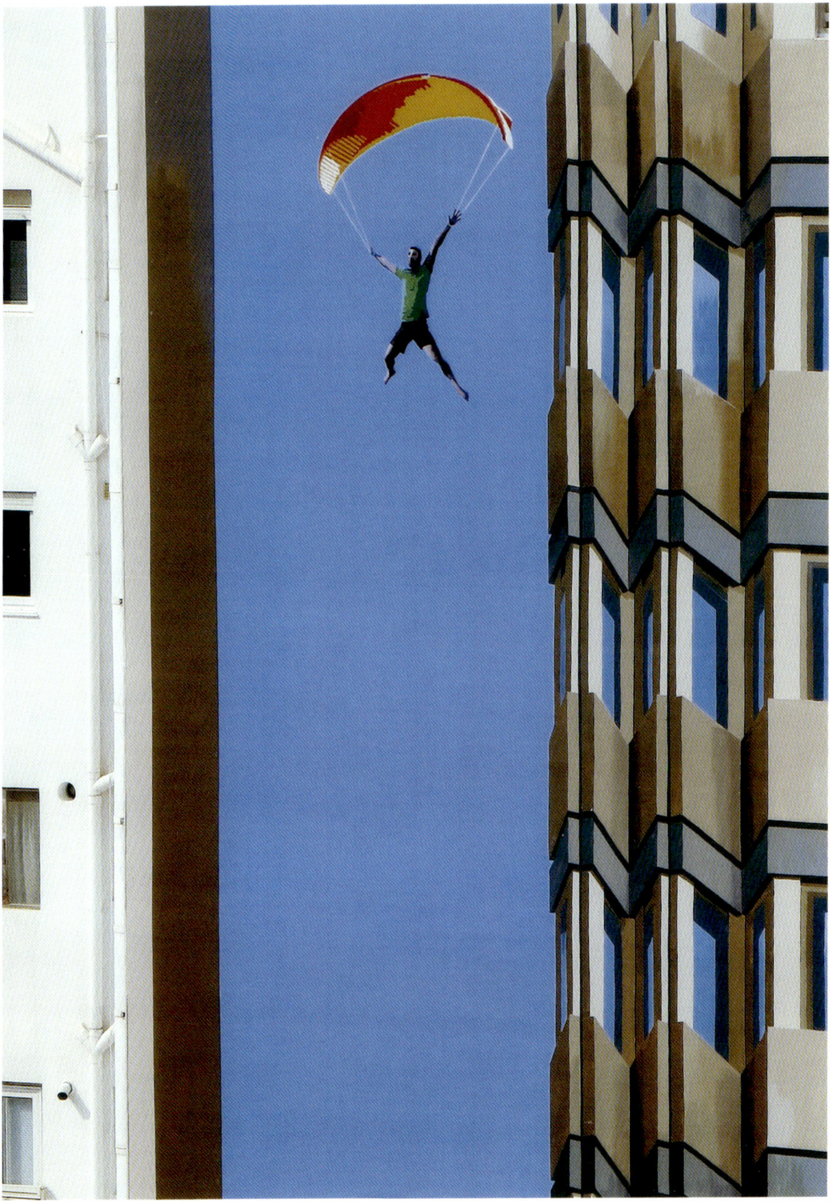

48. Almería, 2016

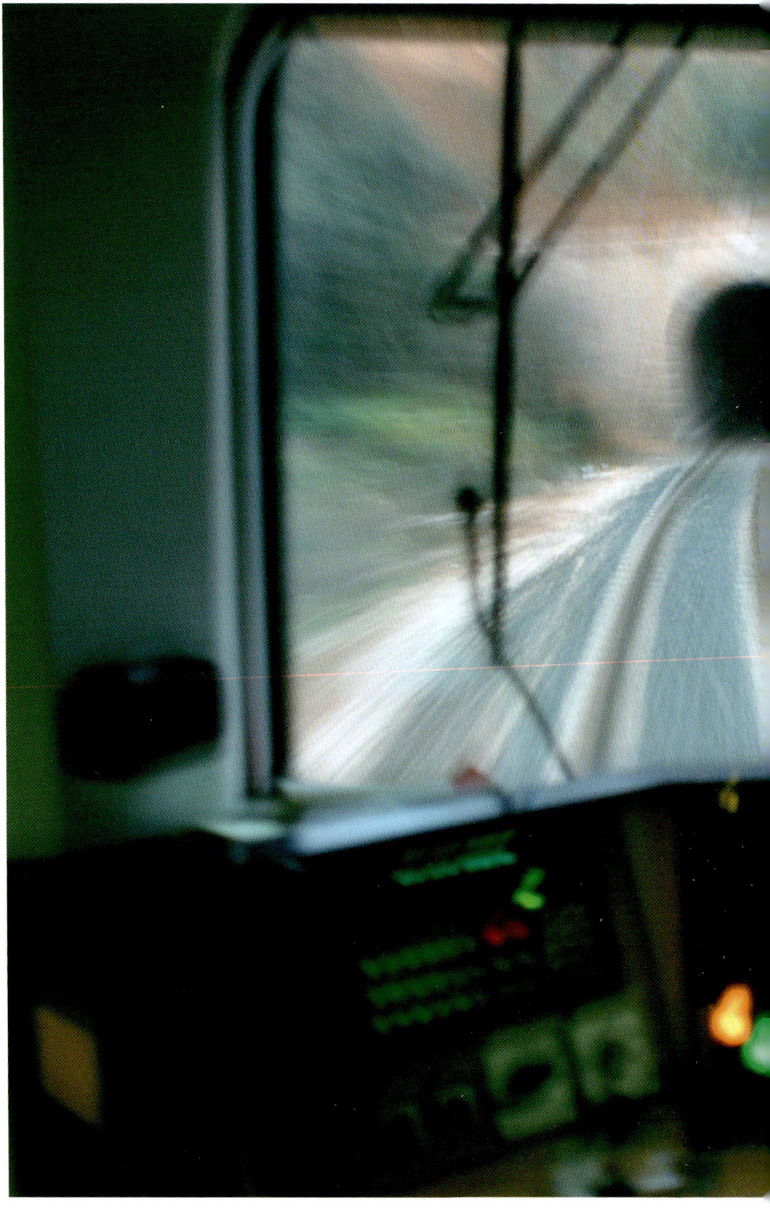

49. Gádor (Almería), 2001

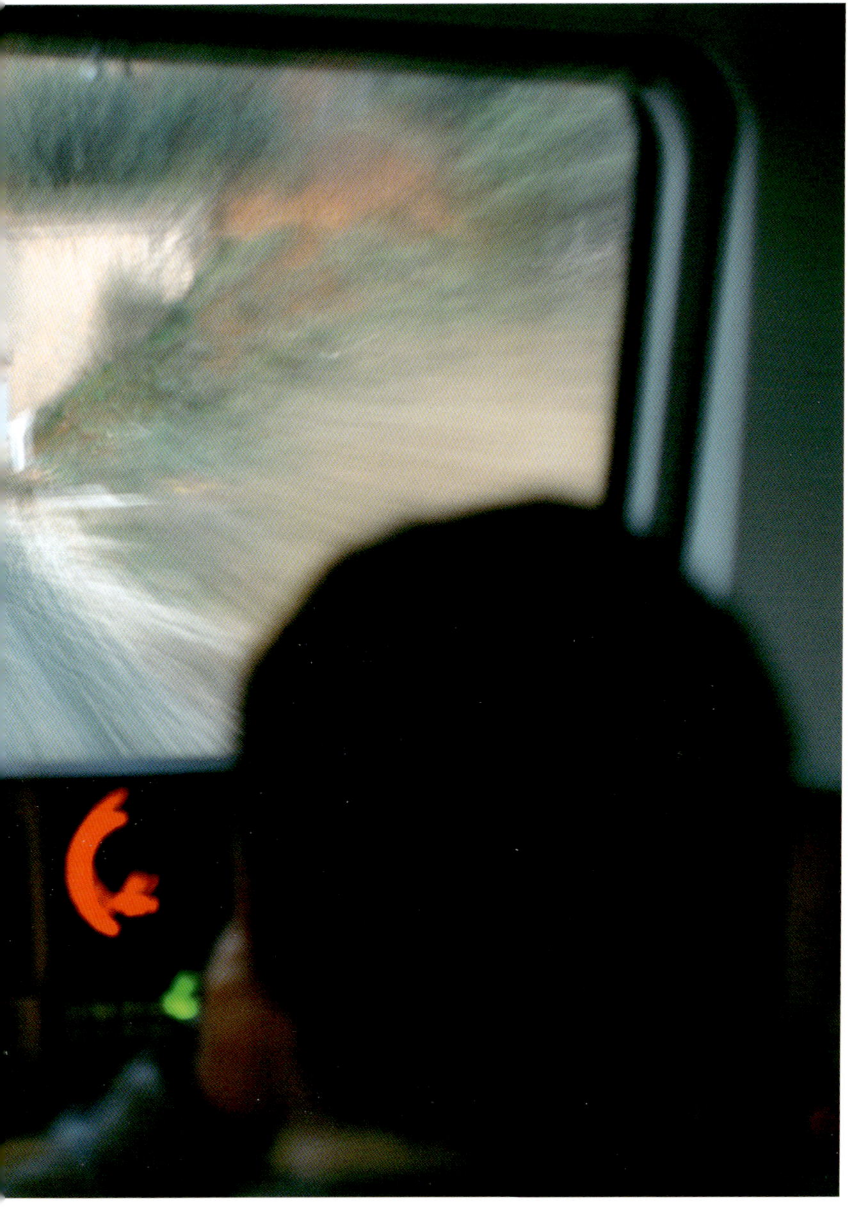

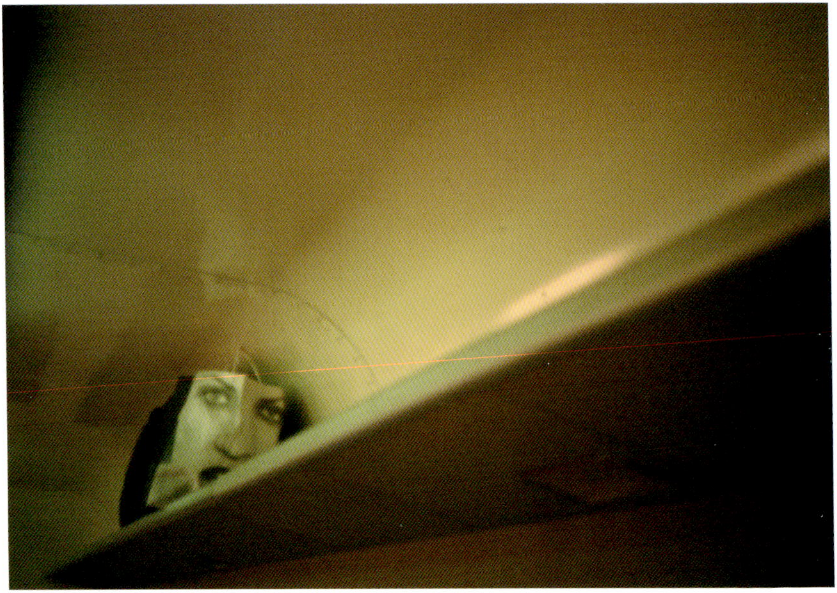

50. Granada, 2001

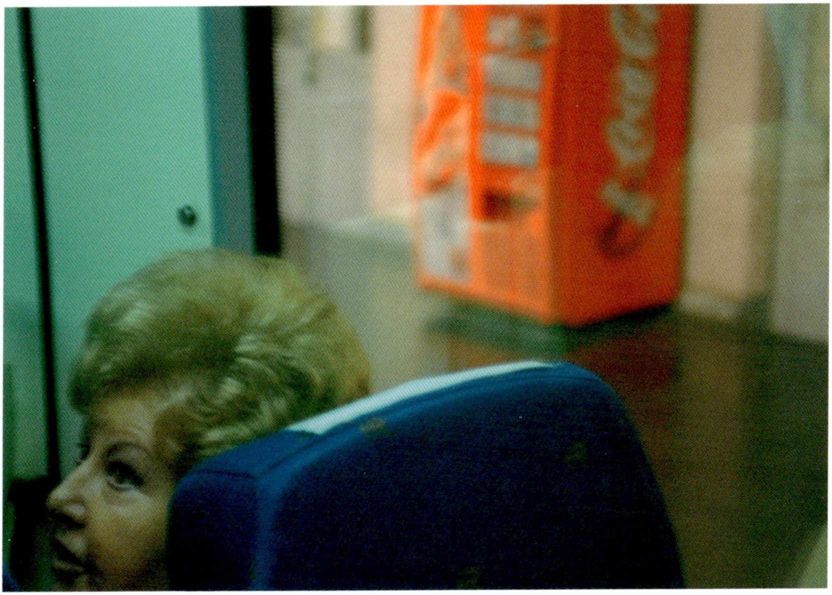

51. Almería, 2002

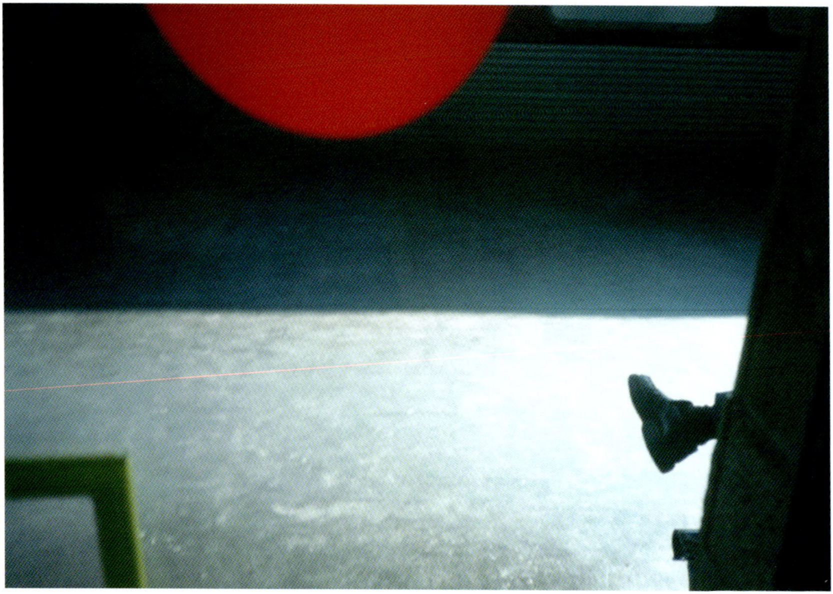

52. Granada, 2001

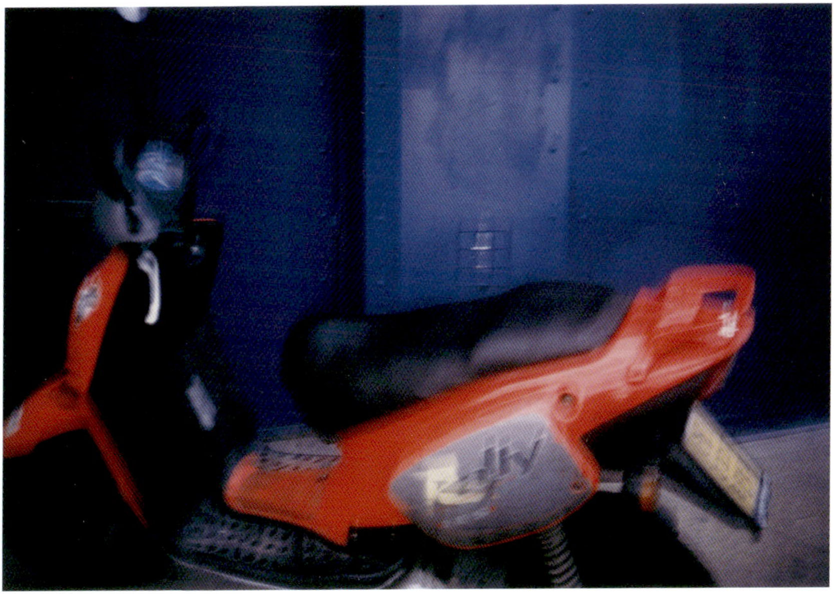

53. Sevilla, 2005

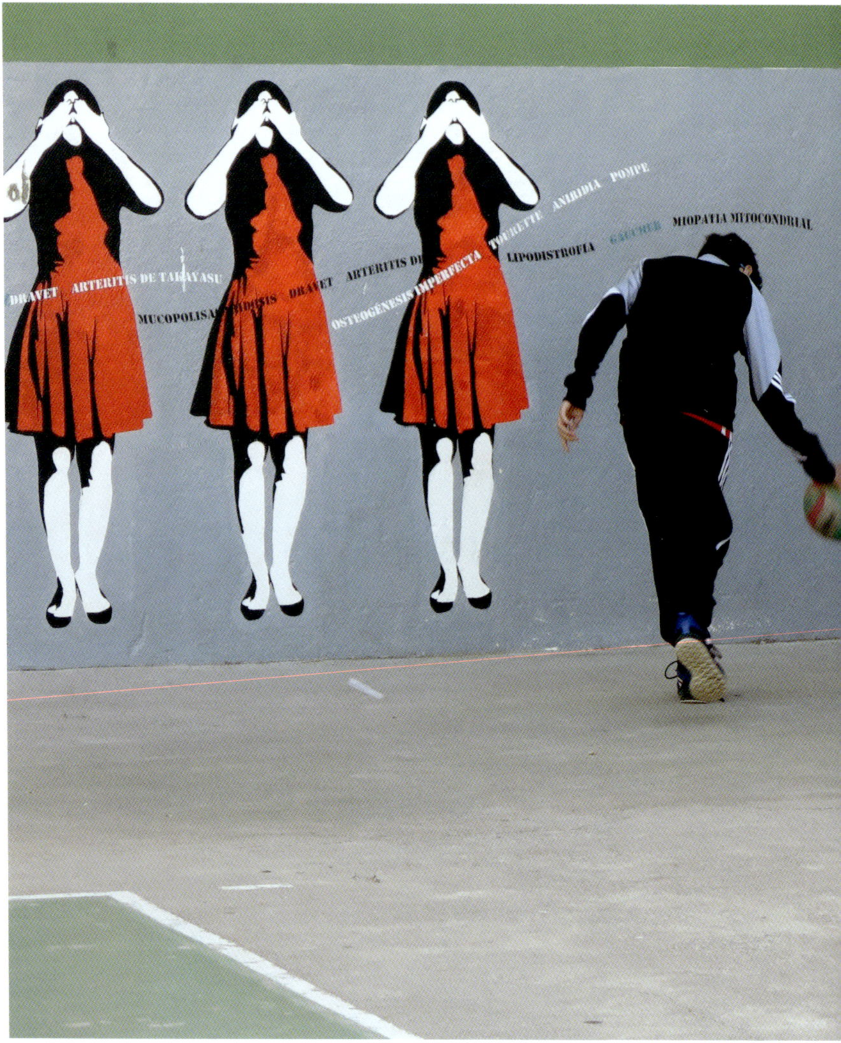

54. Almería, 2016

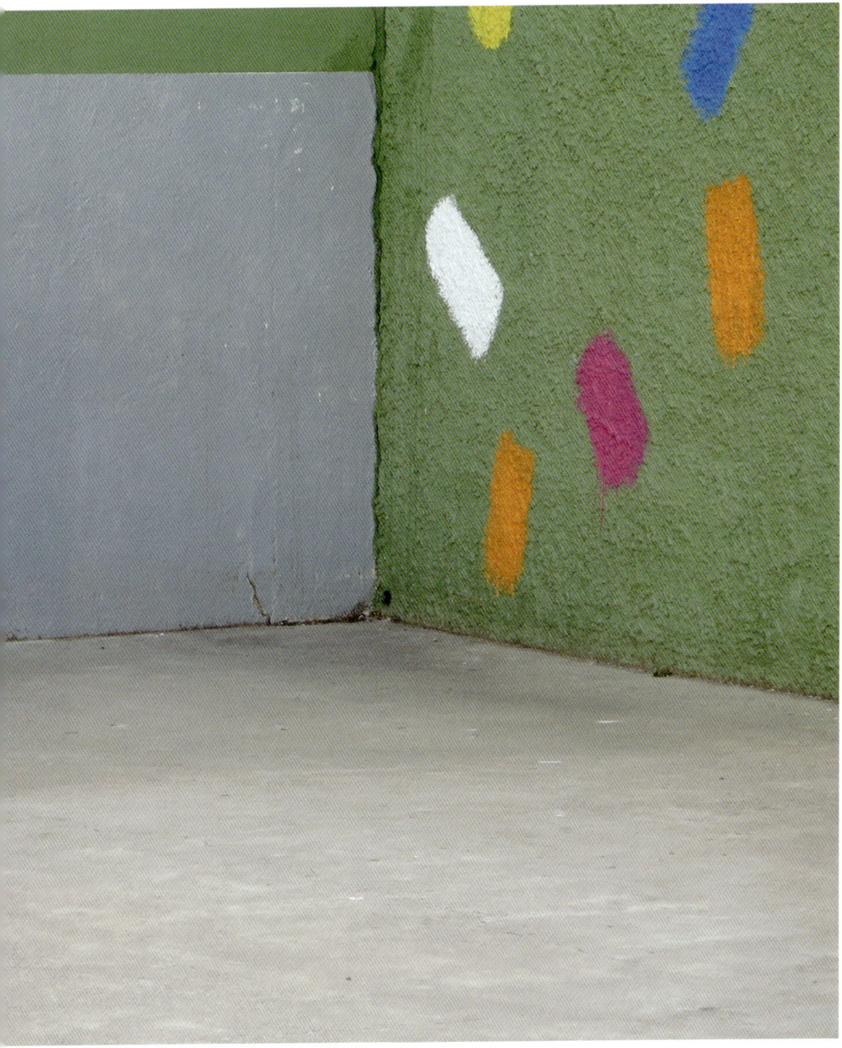

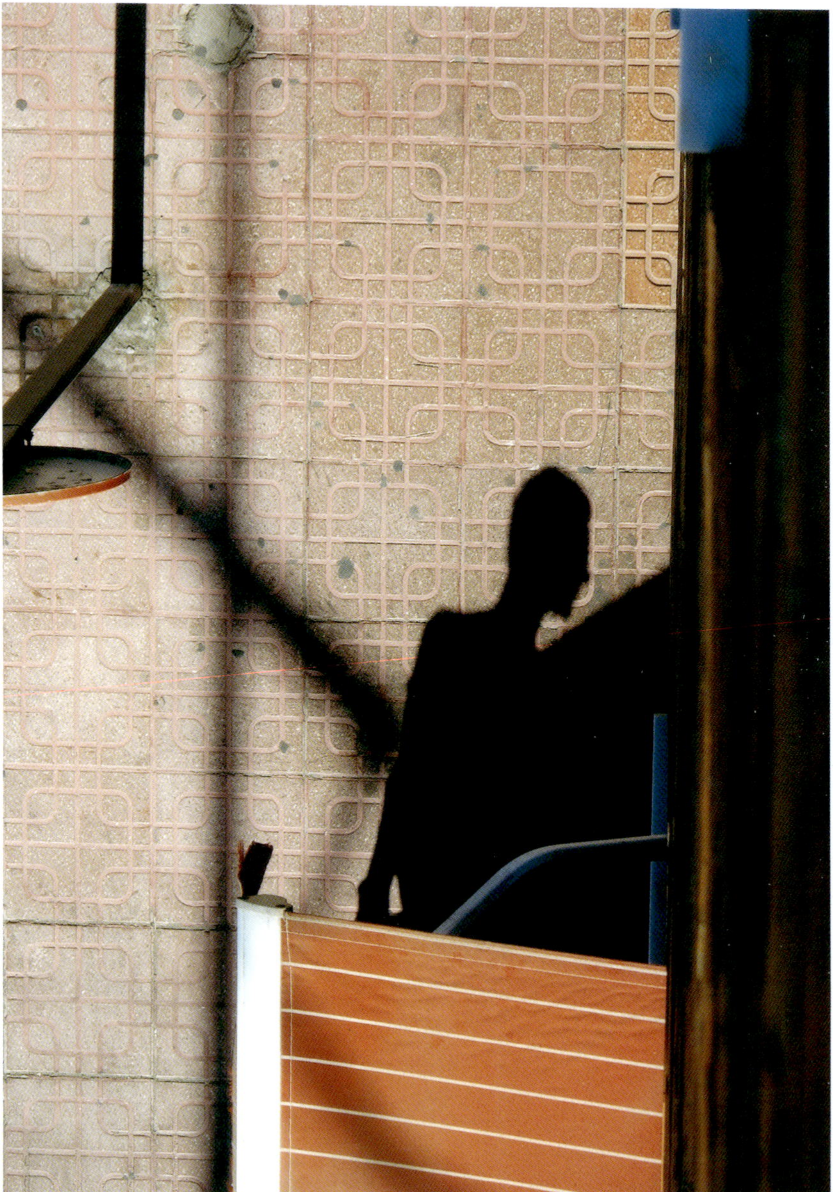

55. Almería, 2016

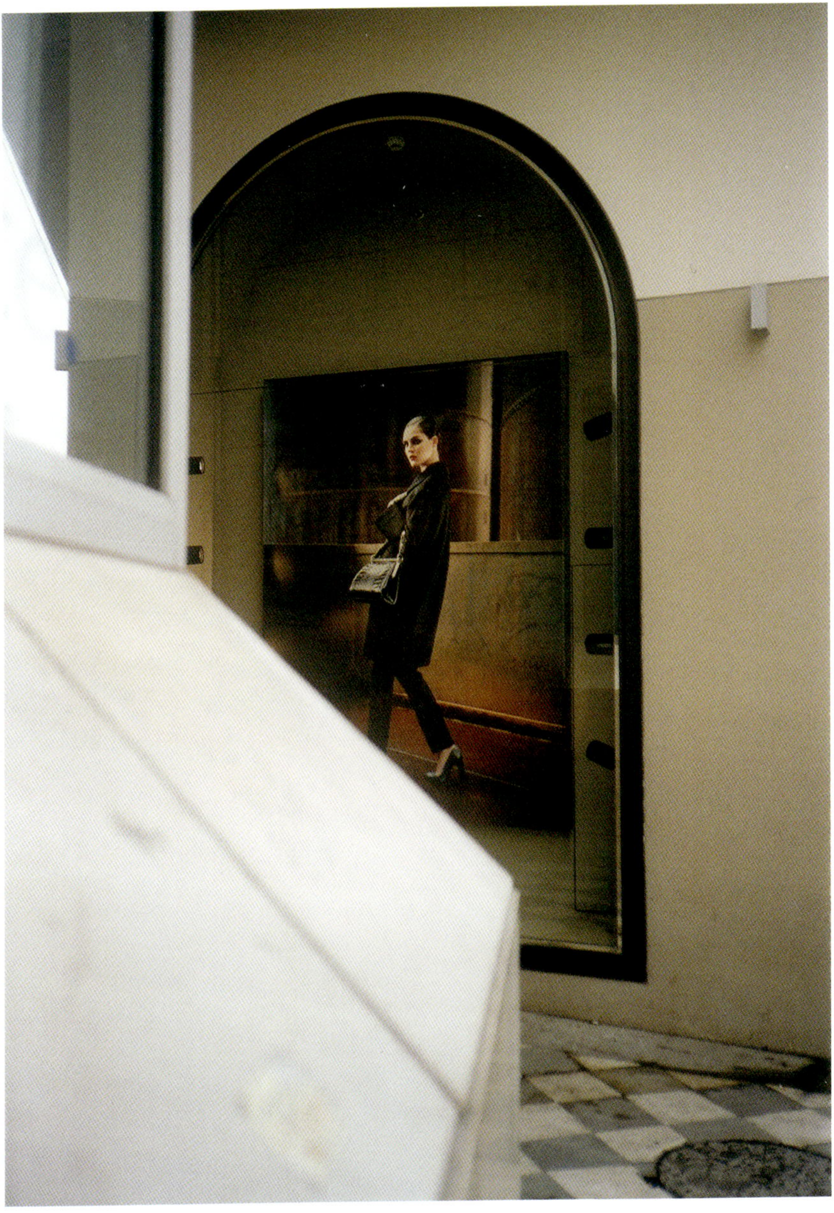

56. Sevilla, 2006

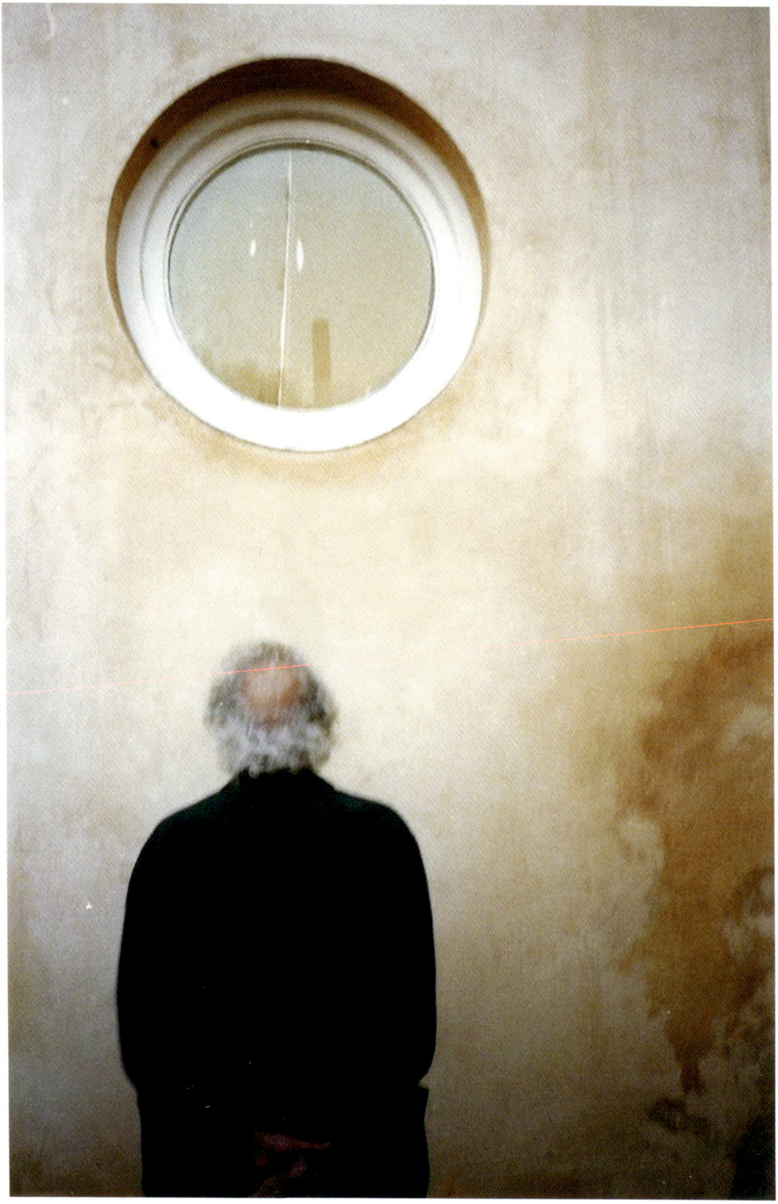

57. Homenaje a Ramón Masats. Sevilla, 2006

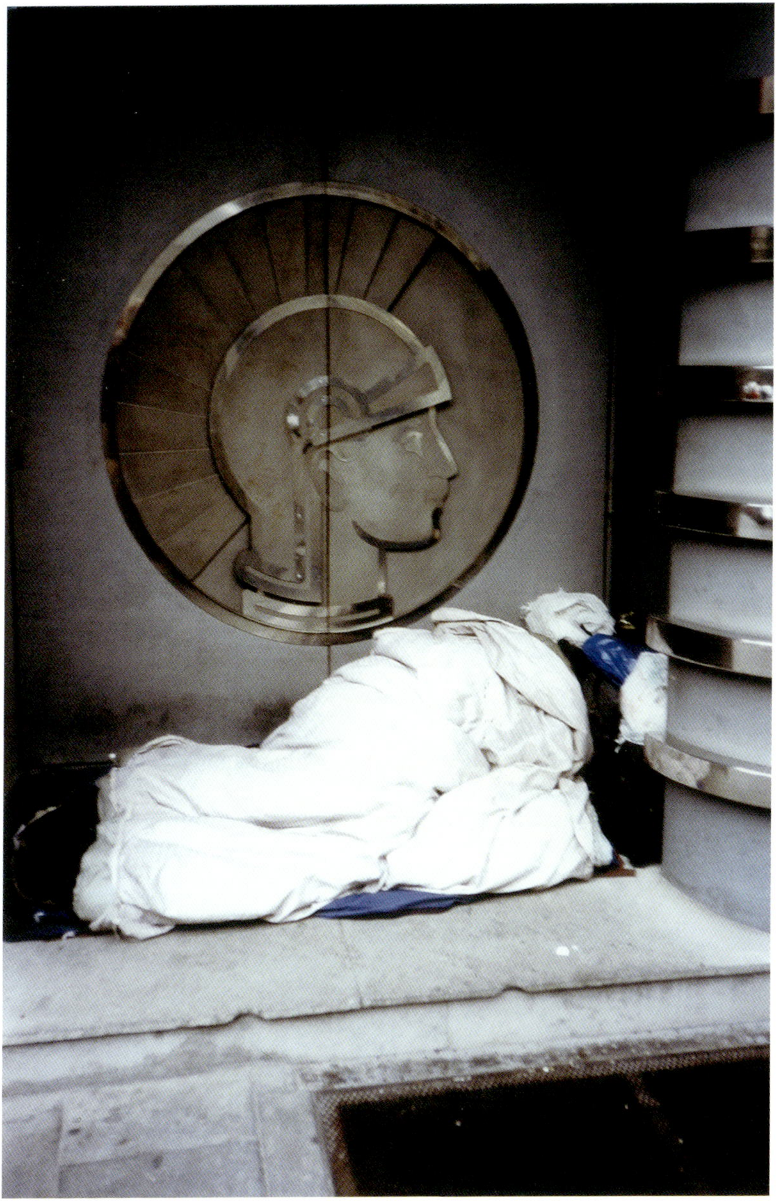

58. Madrid, 2015

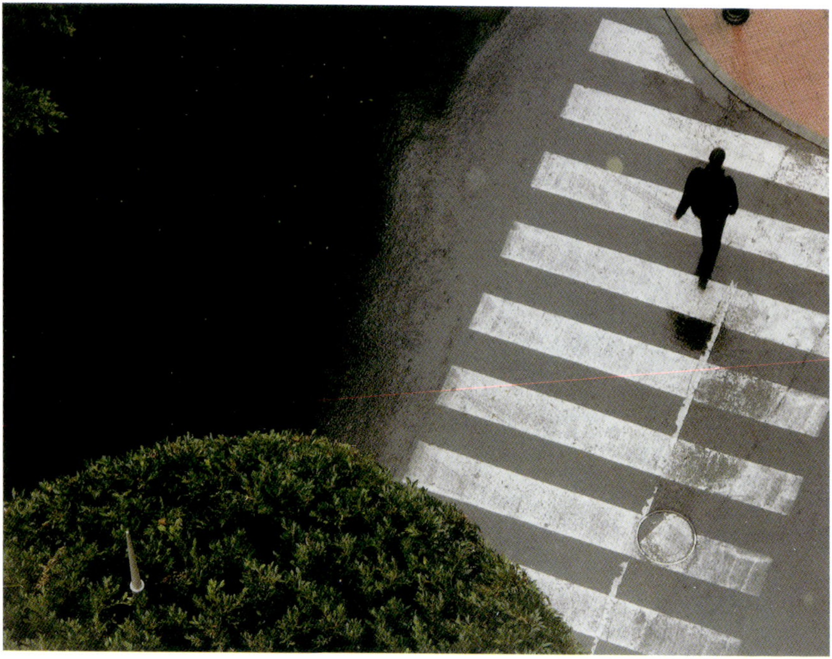

59. Almería, 2016

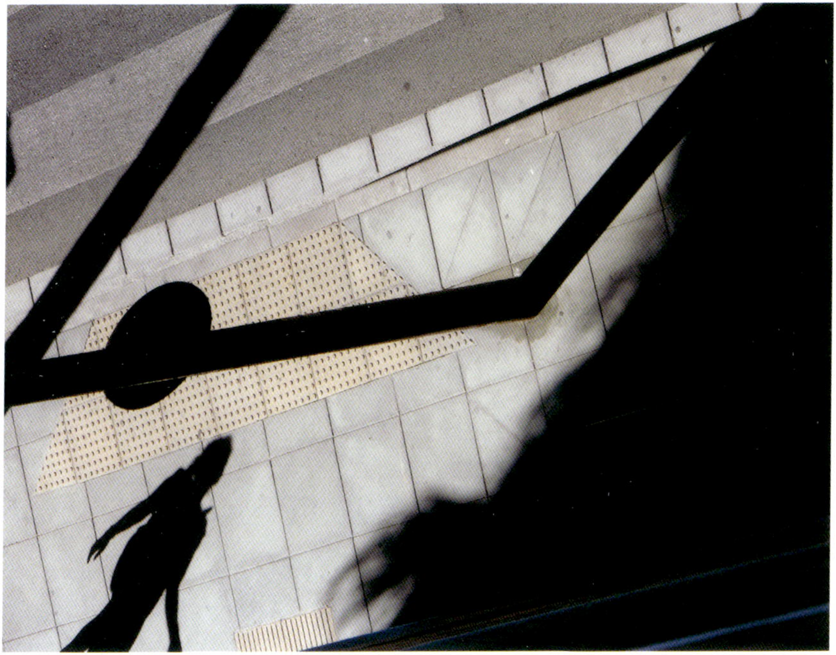

60. Almería, 2017

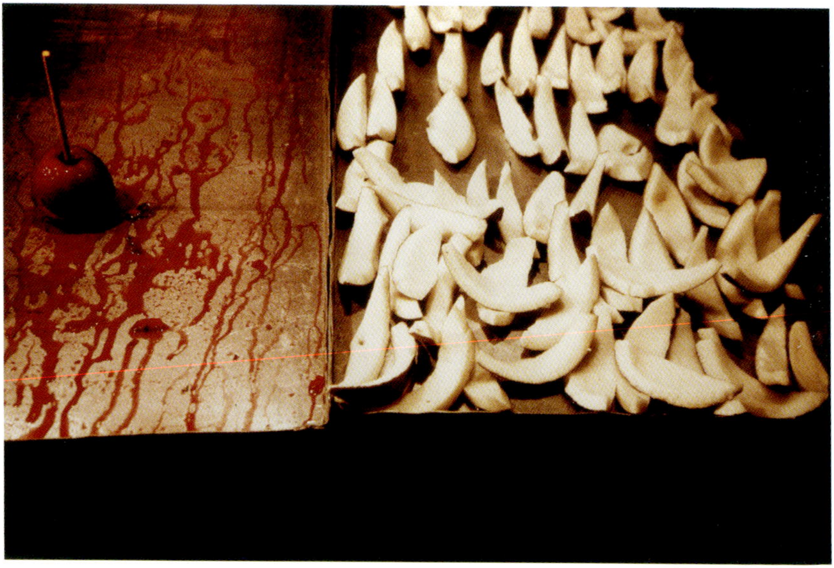

61. Almería, 2000

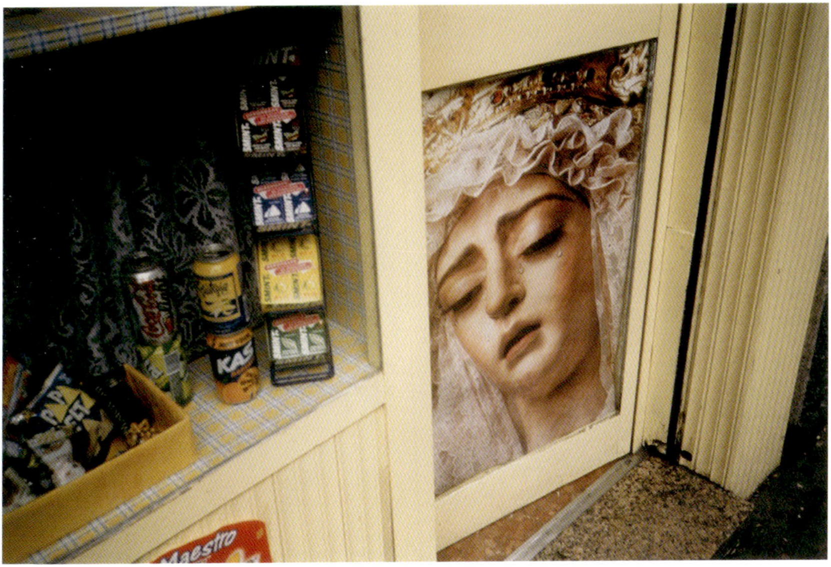

62. Sevilla, 2006

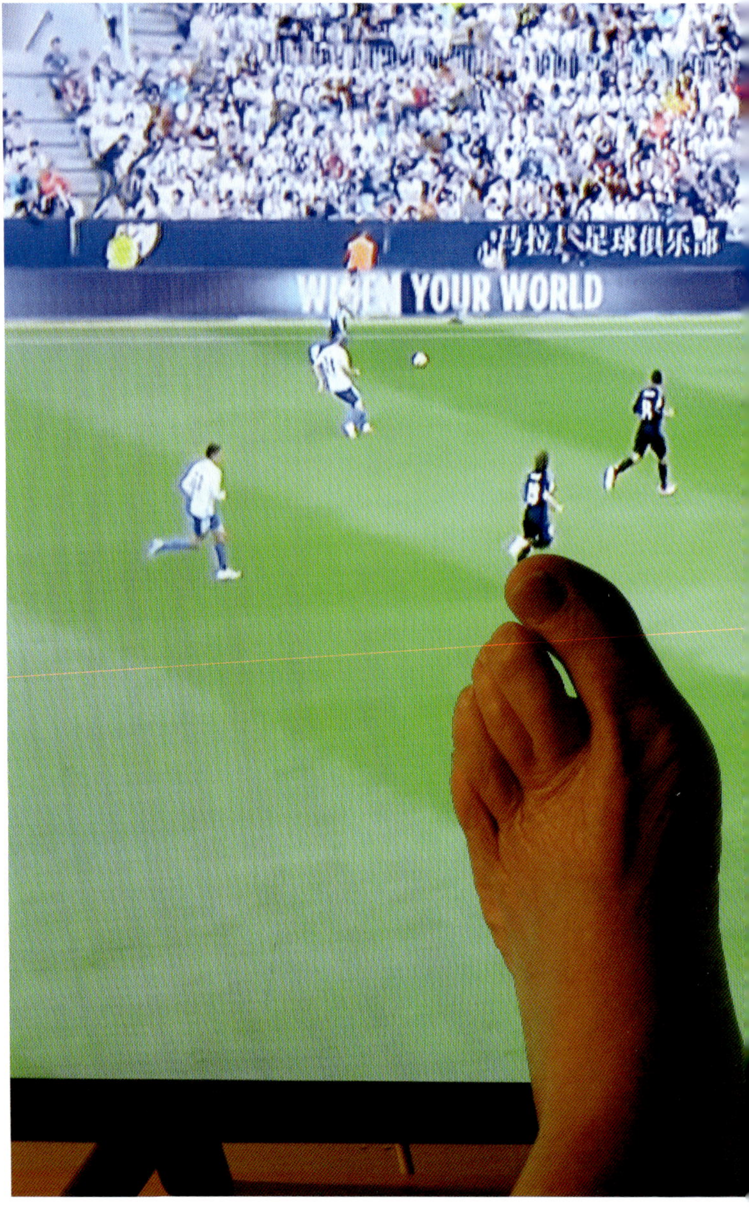

63. Almería, 2017

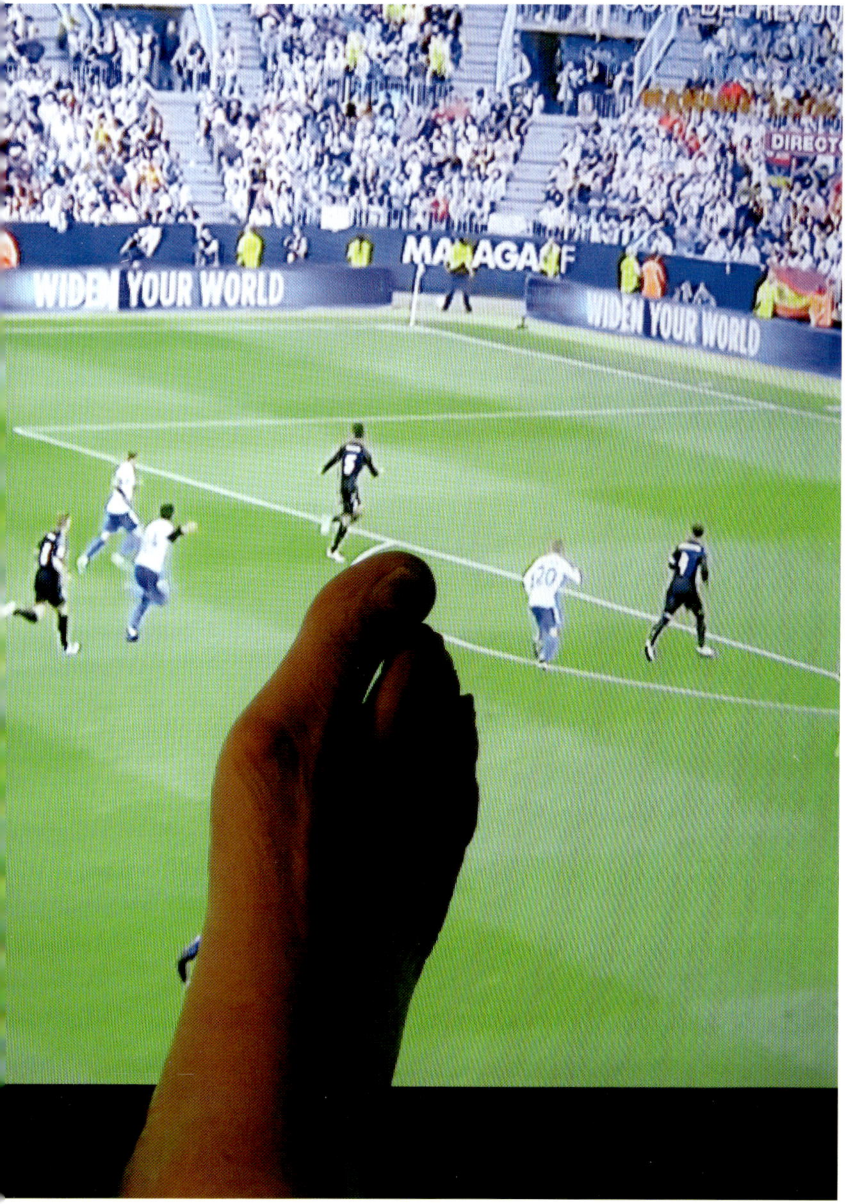
WIDEN YOUR WORLD
WIDEN YOUR WORLD

Cronología

1930 Nace en Almería el 14 de diciembre.

1952 Se hace socio de la Agrupación Fotográfica Almeriense, donde conoce a José María Artero.

1955 Tiene lugar su primera muestra individual en la Sala de Exposiciones de la Biblioteca Francisco Villaespesa de Almería.

1956 Pone en marcha con José María Artero la revista *Afal*, que sentará las bases de una renovación de la fotografía española en los cincuenta y sesenta. Gestiona la redacción y promociona al grupo de fotógrafos conocidos como Grupo AFAL.
Es nombrado corresponsal en España de *Jeune Photographie* y colabora con la revista *Clic*.
Participa en las exposiciones *Joven fotografía española Grupo AFAL* en Charleroi (Bélgica), y *Fotógrafos de nueva generación. Grupo AFAL* en Pescara (Italia).

1959 La exposición *Grupo AFAL* se muestra en São Paulo (Brasil), Lyon (Francia) y Múnich (Alemania).
Participa por invitación expresa de su organizador en el XXII Salón Internacional de Fotografía del Kunsfotokring, en Wervick (Bélgica).

1963 Se integra como fotógrafo independiente en el equipo del Ministerio de Información y Turismo. Recibirá varios premios y reconocimientos internacionales relacionados con esta actividad, entre ellos la Medalla Conmemorativa del Año Turístico Internacional, en Japón.

1964 Participa en el pabellón español de la Feria Mundial de Nueva York.

1973-80 Dirige la selección de las cinco ediciones del *Anuario de la fotografía española Everfoto*.

1978 Es seleccionado por la revista *Nueva Lente* para representar a la fotografía española en los Recontres Internationales de la Photographie de Arlés (Francia).

1983 Participa en la muestra *259 imágenes. Fotografía actual en España*, en el Círculo de Bellas Artes de Madrid.

1984 El Centro Cultural de la Caixa de Pensions de Barcelona expone *Fotografía mediterránea* con motivo de la Primavera Fotográfica de Cataluña.
Representa a la fotografía andaluza en la primera edición de las Jornades Fotogràfiques a València.

1988 Se publica *Conversaciones en Almería* (Cajal, Almería) con texto de Jesús Ruiz Esteban y fotografías de Carlos Pérez Siquier.

1989 Representa a España en la décima edición de los Festivales de Fotografía y Audiovisual de Montpellier (Francia).

Se proyecta parte de su obra en los Encuentros Internacionales de Arte Contemporáneo de ARCO Madrid.
Contrejour París publica y expone *La mujer mediterránea*.
Participa en la exposición *Cuatro direcciones. Fotografía contemporánea española, 1970-1990* en el Museo Reina Sofía (MNCARS) de Madrid.
Participa en *Temps de silenci. Panorama de la fotografía española*, en el Centre d'Art Santa Mònica, Barcelona, y en el Palais de Tokyo, París.

1995 Participa en Arte Sur, Feria Internacional de Arte Contemporáneo de Granada.

1996-98 La Fundación "la Caixa" organiza una exposición individual que itinera por toda España.
El programa del Festival Internacional de Música y Danza incluye la exposición individual *Imágenes compartidas*, en la Sala Triunfo de Granada.

1998 Expone *Protección solar* en Mestizo A. C., Murcia.
La galería Château d'Eau de Toulouse (Francia) expone *Pérez Siquier, entre el mito y la realidad*.

1999 Varias de sus fotografías son adquiridas por el Centro Andaluz de Arte Contemporáneo (Sevilla) para su colección permanente.
La Fábrica le dedica el número 7 de la colección PHotoBolsillo.
Tiene lugar la exposición *Pérez Siquier* comisariada por Laura Terré en Madrid, Sevilla e Islas Baleares.
Su obra se incluye en la muestra colectiva *150 años de la fotografía en España*, en el Circulo de Bellas Artes de Madrid.

2000 Publica *Amor animal,* y la serie se expone en el Centro Cultural de Almusafes (Valencia).
Publica el libro *La Chanca*, editado por la Junta de Andalucía.
El Centro Andaluz de Arte Contemporáneo adquiere seis fotos de su serie «La playa» para su colección permanente.
Publica el libro *Mínimo* (CAAC, Sevilla), con texto de Laura Terré.
Su obra se exhibe en la muestra *Las claves de la España del siglo XX*, en el Museo de las Ciencias de Valencia.
La Fundación "la Caixa" expone *Diario íntimo* en Granollers (Barcelona).
Participa en el libro y en la muestra colectiva *España de ayer y hoy*, en el Museo Reina Sofía de Madrid (MNCARS) y el Museo de Bellas Artes de La Coruña.

2002 Expone *La mirada cómplice,* comisariada por Mónica Carabias, en la Real Sociedad Fotográfica de Madrid.

Publica el libro *Medianeras*, y la serie se expone en el Colegio de Arquitectos de Almería y Córdoba.
Participa en el proyecto Asómate a la Fotografía, dirigido por Mauricio d'Ors, en Madrid.

2003 Publica el libro *Almería-Granada-Sevilla*, cuyas fotos se exponen en la estación de Santa Justa (Sevilla), y en los jardines de la estación de Atocha (Madrid).
Publica *Color del Sur* y expone la serie en el Museo de Almería, el Palacio Episcopal de Málaga, el convento de Santa Inés de Sevilla y el claustro del Palacio Provincial de Cádiz.
Publica *Los andaluces*, y la serie se expone en Cádiz, Málaga, Guadalajara (México) y Utrecht (Países Bajos).

2004 La Real Maestranza de Sevilla le encarga el libro *Imágenes de la Maestranza*, y la muestra homónima se exhibe en Madrid y Granada.
Expone en la galería María José Castellví de Barcelona.

2005 Expone *La mirada* en la Fundación Telefónica de Madrid.
Se publica el libro *Pérez Siquier. Almería y el cine*, y tiene lugar la exposición homónima en el marco del Festival Internacional de Cine.
Participa en la muestra *Le paysage humain*, en Bamako.
Expone en la galería Sandunga, en la decimocuarta feria ARCO Madrid.

2006 El Centro Cultural Las Claras de Murcia y la Galería Mas Art de Barcelona le dedican sendas exposiciones.
Participa en *150 años de fotografía en España*, en la Hungarian House of Photography de Budapest.

2007 Se publica el libro *Trampas para incautos* y tiene lugar la exposición homónima en la sala Puerta Nueva de Córdoba.
Se expone *Colour Before Color*, comisariada por Martin Parr, en la galería Hasted Hunt de Nueva York.

2008 Tienen lugar las exposiciones *The Good Life*, en la Yancey Gallery de Nueva York, y *Del futuro al pasado. Obras maestras de arte contemporáneo*, en la Exposición Internacional de Zaragoza.

2009 Publica *Al fin y al cabo*, y la exposición itinera por Almería, Granada, Málaga, Zaragoza y Sofía.
El Museo Reina Sofía incorpora a su colección doce de sus fotografías.

2010 Expone en la calle Larios de Málaga diez imágenes de la Axarquía.

2011 Participa en la muestra colectiva *Obras de la colección del IVAM*, en Moscú y San Petersburgo.

2012 Expone en el Centro Cultural Casa del Cordón de Burgos, dentro de la muestra *Los inquietos. Iconos de la fotografía española*.

Parte de su obra pasa a formar parte de la colección permanente del Museo Memoria de Andalucía, en Granada.

2013 La Fundación Colectania de Barcelona le dedica a su serie «La playa» el primer número de su revista digital *Impresiones*, con texto de Martin Parr.

2014 La exposición colectiva *La mirada del otro*, con trece premios nacionales de fotografía, itinera por Lisboa, Tokio, Nueva York, Miami, México y Buenos Aires.

Se publica y se expone *Pérez Siquier esencial* en el Centro de Arte Museo de Almería.

2015 Dona al Estado español, para que pase a formar parte de la colección del Museo Nacional Reina Sofía, correspondencia epistolar, revistas, libros, catálogos y maquetas que documentan la historia del Grupo AFAL.

Publica el libro *Pérez Siquier. Mi sombra y yo*.

2016 La Real Academia de Bellas Artes de Granada instituye el Premio de Fotografía Pérez Siquier.

Expone en los XIII Encuentros Fotográficos de Gijón.

Su obra se incluye en la enciclopedia *Historia de la fotografía europea 1970-2000*, Museo de Arte de Bratislava.

2017 Se inaugura el Centro Pérez Siquier en Olula del Río (Almería), primer museo en España dedicado a un fotógrafo que recoge, en un edificio nuevo, su obra y archivo, y que asume las tareas de digitilización y gestión integral.

Participa en *Col·lecció de fotografia contemporània 2004-2016*, en el Centre de la Imatge de Girona.

Publica el libro *La briseña* (Sonámbulos, Granada).

La Fábrica y *El País* coeditan el libro *Esenciales de la fotografía española n.° 11: Carlos Pérez Siquier*.

Recibe el premio de honor Desierto de Tabernas, en el marco del Western Film Festival de Almería.

Interviene en el Encuentro de Creación Fotográfica de Andalucía del CAF en Rodalquilar (Almería), en Formentera Fotográfica (Baleares) y en el Photofestival de Málaga, en Mijas (Málaga).

Se publica *Guiños*, libro homenaje a su trayectoria, con la participación de más de ochenta personalidades de la cultura.

Siquier Forever

Juan Bonilla

Because all authors of importance (*to import* can mean "to seek elsewhere what one cannot produce using one's own means") speak about the same things (in other words, about us), I will begin with a personal memory. In 2003, I was living in Málaga. One random afternoon, my attention was drawn by something next to the cathedral: a photograph of a rotund woman with her back to the camera, dressed in white, staring out at the gleaming sea. It turned out to be the sign for an exhibition titled *Color del Sur* (Colour of the South) by Carlos Pérez Siquier, whom I knew little about, no more than anyone who might have browsed through second-hand bookshops: that he was at the helm of the AFAL initiative in post-war Almería and that he was responsible for the *Everfoto* photographic yearbooks along with his sidekick José María Artero back in the seventies. Because of his photos of the neighbourhood of La Chanca, I had mentally placed him into the category of social photographers, or in other words, photo essayists. I suffer from having a literary mind against which I struggle as much as I can, but it still causes me to categorise photographers by literary genres. To me it seems as if photographers are like poets, novelists and essayists, though this sorting by genre is not meant to keep an individual originally placed in one category from shifting to another on occasion. I entered the Bishop's Palace with my hands in my pockets, ready to spend the afternoon looking at photos.

Little by little, my eyes grew fascinated by the symphony of colours which Siquier had captured. Scenes at the beach with little glamour, but which the photographer managed to give a special touch of grace that expressed a sense of irony or the mere joy under the sun which spurred him to take them. I use the word *grace* and do so with both of its meanings: "a sort of natural charm," but also a "talent given to achieve bliss." After all, the Graces were Venus' daughters and personified seduction by beauty. The ensemble would almost work as a photographic report, and in fact the series is often viewed as a sociological research project due to the elementary feature shown off as the nation's main attraction: the sun and beach. However, that seemed far less interesting to me than Siquier's ability to infect us with the sun in his images, the sun of Andalusia captured in photography. A cannibalistic, powerful, merciless sun that painted everything with lively, forceful colours. This was all conveyed by the photos into the viewer's gaze. Very often in texts of this sort, the author intellectualises his experience and seeks proper names and genealogies that can be used to pin down the name of the artist being discussed, or states a lengthy bibliography to examine the artist's technique, because relating personal experiences in texts of this kind seems unscholarly. However, I would rather describe my own personal memory of how I discovered Pérez Siquier. Right at the time of that discovery, I was not thinking of beach photographers, or painters of lively colours which Pérez Siquier may have thought about, or the resounding testimony left behind by a set of photographs bearing witness to the beautiful ugliness of our beaches, of the powerful kitsch aspect of the landscape: I just let myself get wrapped up in the happiness of the sun bathing it all, which was also the sun of my beach-filled childhood. Indeed, Siquier's *Color del Sur* was restoring the photogenic strength of my childhood to me. Thus, the aesthetic experience mutated into a physical sensation, and a long time had passed since I had felt that at an exhibition. So many times we enter exhibitions to see whether we will be affected in any way, but all we come across are works which are either good or bad. We say to ourselves, "What a bore" or "How interesting," because we have almost grown accustomed to turning exhibition visits into an intellectual activity instead of an experience for the senses. Nonetheless, I never lose sight of the dogma set forth by Nabokov: "Feel not so much with the heart or the brain, but with your spine." There is a simple thermometer that reveals whether a work has affected you physically, and it has to do with Nabokov's dogma: if you come out and can easily verbalise what you have seen, something is amiss, because transforming images into words is as bad a deal as exchanging euros for Sudanese pounds (especially when you don't even live in the Sudan). Thus, I came out of that room bathed in sun. I purchased the catalogue, one of my favourite photo books ever since, and I went away with the sun under my arm, wishing to know more about Pérez Siquier.

Pérez Siquier can be defined quite readily: a life devoted to photography. Around 1950, he was already cutting women's glances out of magazines to create collages. He belongs to that great generation of Spanish photographers from the 1950's who are to our photography what the Generation of '27 was to our poetry: the best of the best. Amongst them you will find Miserachs, Masats, Maspons, Pomés, Muller, Colom... His growth as a photographer drew him from producing works of a social leaning—his extraordinary series on La Chanca, in which he fortunately does not delight in poverty's beauty, but highlights its dignity instead—to work with a greater irony, jubilant colour and a somewhat twisted perspective. Though the world is always the protagonist—always out in the open. Pérez Siquier is a photographer of the outdoors, a wanderer, a person spying on reality, from which he constantly steals little bits and pieces. By his own confession, he never prepares photos. He comes across them. This is why a selection of his work could receive no better title than that which he gave it: *La mirada* (The Gaze). Rather than decisive moments, his work is filled with seemingly insignificant instants to which his gaze confers meaning.

In his legendary work *The Devil's Drool*, Julio Cortázar says: "Photography is a way to fight against nothingness." This was never very convincing to me, because nothingness is inevitable to us all, and fighting against it means using fairy tales to convince ourselves. However, like all great quotes, it is not hard for us to turn the idea on its head: "Photography is a way to fight against *everything*." This is precisely because the photographer's viewpoint is based on a choice, on the selection of a moment or scene which he freezes in time (here I will spare you the usual paragraph on synecdoche and photography based on the very thorough studies by Roman Jakobson on the relationships between metonymy and metaphor).

In the late sixties and early seventies, the beach had already become a major theme in Spain's photography: we were the champions of tourism, and there were several places throughout the country where the best views were fought over in ten different languages. Pérez Siquier had already begun to leave his footprints in the sand while hunting down images against everything, producing some of his great works in colour: the squalid man sunbathing in a hole, bodies covered for protection from the sun, like corpses being recharged with power, a set of hands clasped together over an old woman's head to shade her eyes from the sun's light. One snapshot is particularly famous, because it made the cover of a monographic issue of the journal *L'Insensé* on Spanish photography: a woman's neck and back under a red bathing cap standing before the blue presence of the sea, whose purity is blurred to instil her cap with a defiant plasticity. It is the cap that undresses the swimmer's invisible body, like Mars' helmet in Velázquez's painting. It is what highlights her nudity—she is made more naked by the presence of the cap. Here, the sea is the everything against which the photographer struggles, and he comes out of that battle with a victory, because he is able to deliver *something* in opposition to this *everything*: that unforgettable bathing cap.

I believe that *Color del Sur* is a masterpiece, though I do allow myself to get carried away by the gratitude felt when leaving an exhibition with a physical emotion inside. I wrote a column on it whose greatest virtue is that Pérez Siquier responded by sending me a thank you note. Since then, he has helped me on more than one outlandish adventure, like the magazine *Zut*. Its covers were always photographic. Twice we went to Pérez Siquier to fill this space, and twice he regaled us with masterful snapshots. One was of a tattooed mannequin whose head was blocked out by a white oval. As soon as I set eyes on it, I told him there was no way he could have just found that image while roaming about the streets. He must have prepared it, he had to have placed the white oval there using some sort of design programme. It must be a photograph *thought out* and not just *taken*. He explained to me how he took it, and though I did not quite grasp the interplay of reflected lights that covered the mannequin's head, it did not matter, because I am not interested by the tricks that create magic. I prefer to enjoy the magic itself. That is what is important, and *to import*, as you know, means bringing in from the outside that which you cannot make by your own means. Nobody is as imaginative as reality itself, and few figure out how to grip that real imagination like our Pérez Siquier.

Zut's other cover was a mayhem of white and red cars in a zebra crossing, shot from above. To produce that image, a theatrical photographer would have required dozens of extras and an indecent budget. However, chaos can be managed quite photogenically and needs nothing more than eyes that know how to find the right shot, an insatiable seeker like Pérez Siquier. 70 years fighting against the everything in reality to bring us thousands of slices of hot, beautiful, photogenic life and smiling irony.

Pérez Siquier's work has shot into photography books that now make up one of the most exciting bibliographies available in our photography. *Imágenes de imágenes* (Images of Images), *Amor animal* (Animal Love), *Haikus, Color del Sur, La mirada, Al fin y al Cabo* (After All), *Medianeras* (Dividing Walls), *Almería-Granada-Sevilla, Imágenes de la Maestranza* (Images of the Maestranza). In all there are unforgettable moments, but I especially like those which he calls "Informalisms." Like Brassaï in his graffiti works, Pérez Siquier hears what the walls have to say, what time tells on those walls. There we can see the wonder of a window boarded up and framed like a four-sided bull's-eye, and that extraordinary head of a white cat peering out through a crack between crumbling beams of wood. Sometimes, to pull his leg, I have told Pérez Siquier to admit that he conscientiously prepares his photos, and it is entertaining to see him swear that he has never intervened in any way whatsoever to take a picture, claiming he just finds them, a task that consists of stopping and looking. Seeking and finding. Fighting against the crushing everything, as we have already said.

At the age of 87, Pérez Siquier is still out in the trenches. In this very book, there are new images like the paraglider between buildings, another collage which Siquier has stolen from reality. He keeps going out into the wild to hunt down the world's photogenics. In his latest work, he dared embed his own shadow into what he photographed. The photographer is therefore made into a presence, a shadow placed into the reality which he is *taking*. Because that is what we are: a piece of shadow surrounded by the sun's light. "As long as my body continues to cast its shadow," a Spanish saying goes, meaning "as long as I remain living." Again, it was exciting for a photographer so devoted to the sun to use his own shadow for self-affirmation. The spine is what tells us the truth. And Pérez Siquier speaks to our spines.

Juan Bonilla

Juan Bonilla (Jerez de la Frontera, Cádiz, 1966) es autor de varios libros entre los que destacan las antologías de relatos *Tanta gente sola* y *Una manada de ñus,* y las novelas *Nadie conoce a nadie* y *Prohibido entrar sin pantalones*. Ha escrito textos para fotógrafos como Pierre Gonnord, Chema Madoz y Javier Campano, y comisariado una exposición antológica de Baldomero Pestana.

Juan Bonilla (Jerez de la Frontera, Cádiz, 1966) has authored various books, including the short story collections *Tanta gente sola* (So Many Lonely People) and *Una manada de ñus* (A Herd of Wildebeests), as well as the novels *Nadie conoce a nadie* (Nobody Knows Nobody) and *Prohibido entrar sin pantalones* (No Entry Without Trousers). He has written texts for the photographers Pierre Gonnord, Chema Madoz and Javier Campano, and has curated an anthological exhibition of Baldomero Pestana's work.

PHoto**Bolsillo**

Director de la colección / Series editor
Chema Conesa

Coordinación / Coordination
Bárbara Adrados

Diseño original / Original design
Fernando Gutiérrez

Traducción / Translation
Douglas Prats

Preimpresión / Pre-press
Museoteca

Impresión / Printer
Brizzolis

ISBN
978-84-17048-50-1

Depósito Legal / Legal Deposit
M-32108-2017

LA FABRICA

Verónica, 13
28014 Madrid
T. +34 91 360 13 20
edicion@lafabrica.com
www.lafabrica.com

Una coedición entre / A Coedition Between

LA FABRICA

museotera

BRIZZOLIS arte en gráficas

Biblioteca PHotoBolsillo

Biblioteca de Fotógrafos Españoles

Xavier Miserachs
Nicolás Muller
Humberto Rivas
Ricky Dávila
Koldo Chamorro
Francesc Català-Roca
Carlos Pérez Siquier
Luis Pérez-Mínguez
Gabriel Cualladó
Javier Vallhonrat
Miguel Trillo
Pilar Pequeño
César Lucas
Fernando Gordillo
Agustí Centelles
Baylón
Isabel Muñoz
José María Díaz-Maroto
Cristóbal Hara
Antonio Tabernero
Alberto García-Alix
Pablo Genovés
Clemente Bernad
Carlos Serrano
Ramón Masats
Óscar Molina
Cristina García Rodero
Pablo Pérez-Mínguez
Joan Fontcuberta
Navia
Ricard Terré
Fernando Herráez
Oriol Maspons
José Ignacio Lobo Altuna
Xurxo Lobato
Genín Andrada
Valentín Vallhonrat
Vari Caramés
Juan Manuel Díaz Burgos
Ferran Freixa
José Antonio Carrera
Manuel Vilariño
Kim Manresa
Rafael Navarro
Toni Catany
Luis Escobar
Marta Sentís
Chema Madoz
Ciuco Gutiérrez
Alberto Schommer
Ouka Leele
Manel Esclusa
Laura Torrado
Ángel Marcos
Ortiz Echagüe
Francisco Ontañón
Carlos Saura
Alfonso
Juan Manuel Castro Prieto
Pep Bonet
Juantxu Rodríguez
Paco Gómez
Virxilio Vieitez
Gonzalo Juanes
Rosa Muñoz
Leopoldo Pomés
José Ramón Bas
David Jiménez
Leonardo Cantero
Jordi Socías
Colita
Alfredo Cáliz
Gervasio Sánchez
Txema Salvans
Matías Costa
Emilio Morenatti
Pierre Gonnord
Ricardo Cases
Sofía Moro
Joan Tomás
Atín Aya
Rafael Trobat
José Cendón
Luis de las Alas
Chema Conesa
Ragel
Samuel Aranda
Rafael Sanz Lobato
Juana Biarnés
Manuel Outumuro
Cristina de Middel
Carlos Spottorno
Aitor Lara
Miguel Bergasa
Javier Arcenillas
NOPHOTO
Laia Abril
Blank Paper
Ricardo Martín
Eduardo Momeñe
Campúa

Biblioteca de Fotógrafos Latinoamericanos

Luis González Palma
Casasola
Marcos López
Cia de Foto
Raúl Cañibano
Alberto Korda
Tito Caula
Alfredo Cortina
Ricardo Jiménez

Biblioteca de Fotógrafos Africanos

Jean Depara
Samuel Fosso
Mama Casset
Zwelethu Mthethwa

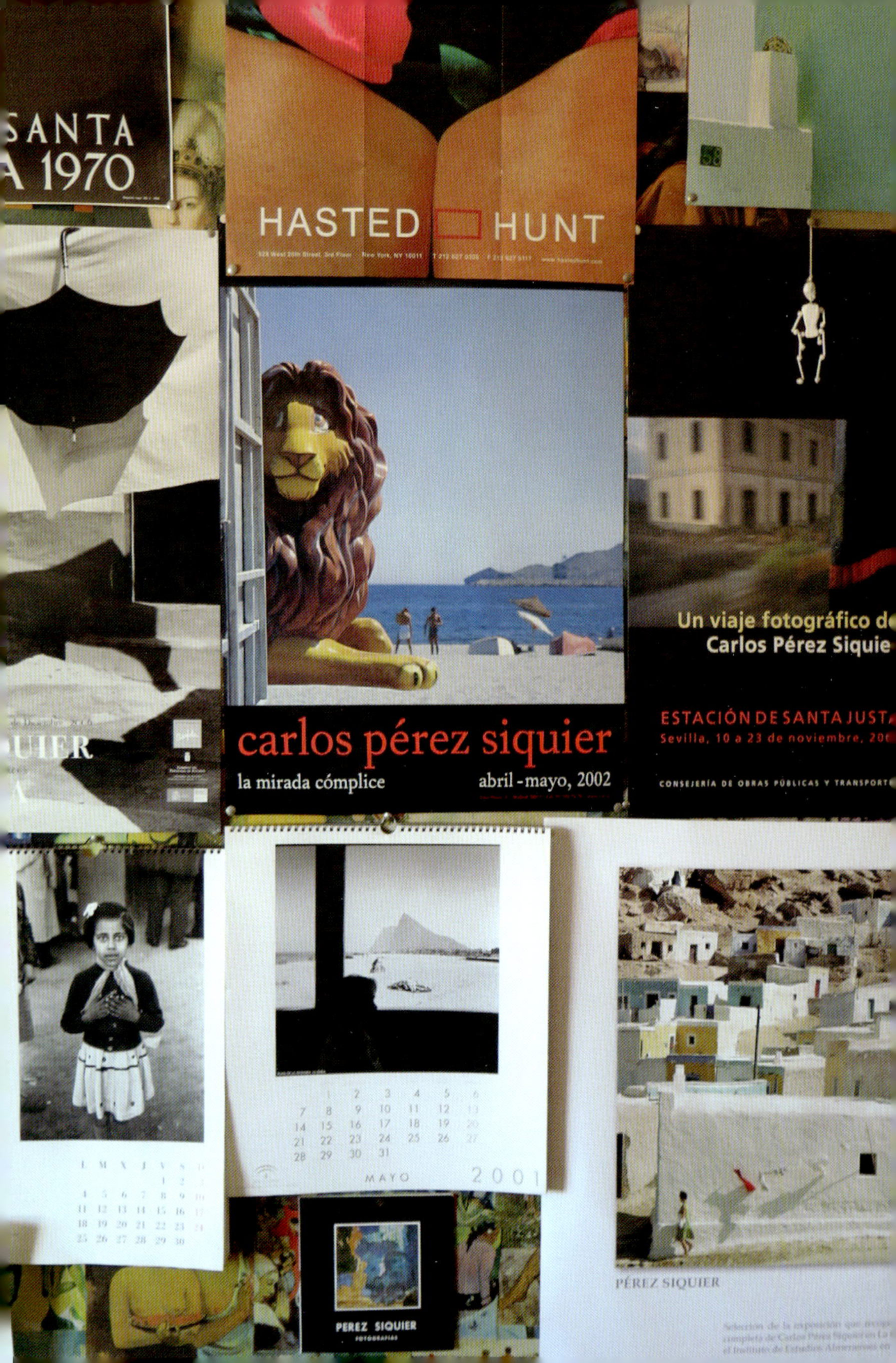
SANTA
A 1970
HASTED HUNT
carlos pérez siquier
la mirada cómplice
abril - mayo, 2002
Un viaje fotográfico d
Carlos Pérez Siquie
ESTACIÓN DE SANTA JUST
Sevilla, 10 a 23 de noviembre, 20
CONSEJERÍA DE OBRAS PÚBLICAS Y TRANSPORT
UIER
MAYO
2001
PEREZ SIQUIER
FOTOGRAFIAS
PÉREZ SIQUIER